U0134915

天下雜誌

觀念領先

THE BULLET⚡JOURNAL METHOD

子彈思考整理術

Bullet Journal® 子彈筆記創始人

瑞德·卡洛 RYDER CARROLL

吳凱琳 譯

好評推薦

「子彈筆記提供了讓我們把腦中想法（不管是什麼想法！）提煉成具體行動的好用方法。這是一本讓我們的思考更自由、更有方向性的指南，提供許多祕訣，讓我們能在人生的遊戲中，玩到最精采。」

——《搞定》（*Getting Things Done*）
作者大衛・艾倫（David Allen）

「不管你是筆記老手，或是想開始嘗試寫東西的新手，子彈筆記成功消除了動筆開始寫的障礙，它會以超乎你想像的方式，改變你的人生。」

——《上班前的關鍵一小時》（*The Miracle Morning*）
作者哈爾・埃爾羅德（Hal Elrod）

「子彈筆記是我見過最優雅、高效的生產力管理系統。不只能幫你提升生產力，更能讓你成為更好的自己。我超級推薦這本書給所有對生活有更多渴望與憧憬的人。」

——《深度工作力》（*Deep Work*）作者
卡爾・紐波特（Cal Newport）

TO MY PARENTS FOR JUST ABOUT EVERYTHING

TO THE BULLETJOURNAL COMMUNITY
FOR DARING

THANK YOU,

RYDER

謝謝我的父母為我所做的一切
謝謝子彈筆記社群的勇敢

謝謝你們
瑞德

索 引

目錄與索引：在子彈筆記系統，我們將目錄與傳統索引結合，讓你的筆記內容更加組織化、更容易搜尋。要了解更多，請參見第 125 頁。

「不要有任何拖延。
每天的生活保持平衡⋯⋯
每天自我改進的人，
永遠不會覺得時間不夠用。」

—— 塞內卡（Seneca），
《寫給魯西里烏斯的道德訓誡》
（*Moral Letters to Lucilius*）

I

準 備
THE PREPARATION

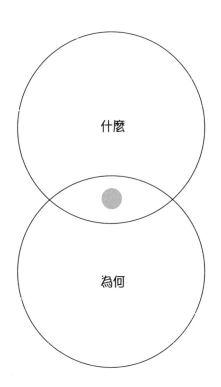

什麼

為何

前 言

INTRODUCTION

　　有一天，我收到一個神祕的盒子。上面印的地址顯示是媽媽寄來的。為什麼突然寄禮物給我呢？有發生什麼特別的事嗎？

　　我打開盒子，裡面放了一疊破舊的筆記本。我疑惑地從最上面抽出一本亮橙色的筆記本，封面已經彎曲變形，上面畫有塗鴉，內頁則是隨意畫的插畫，就像是小孩子畫的，都是一些機器人、怪獸、拼錯的單字，還有各種……我的背脊瞬間發涼。這些筆記本都是我的！

　　我深吸了一口氣，回想起過去。我再次陷入兒時回憶

中，就像是重新進入那個已被遺忘的自己。當我翻閱另一本筆記本，一張摺好的紙突然掉了出來。出於好奇，我打開來看，發現上面畫了一個表情乖張、情緒憤怒的人。他用力大聲喊叫，雙眼凸出，舌頭外吐。紙上寫了兩個單字。其中一個字寫得很小，害羞地捲縮在一角，披露了這位勃然大怒的人物的身分：我的一位老師；另一個字寫得較大，筆畫卻歪七扭八，指明了讓他暴怒的罪魁禍首：就是我。

從小學，我就是令人頭痛的麻煩學生，在校成績奇差無比，三不五時就惹怒老師，家教甚至憤而辭職。我的行為實在讓人擔憂不已，因此暑假都待在特殊學校和心理醫師的辦公室。最後，我被診斷出患有「注意力缺失症」（attention deficit disorder, ADD）。當時是一九八〇年代，人們對於胭脂魚髮型（mullets）的認識，比注意力缺失症還要透徹。當時沒有什麼醫療資源，即使有也太過複雜，不是毫無助益，就是不符合我的需求。這些醫療資源唯一能做的，就是不斷在傷口上灑鹽。我的思考特立獨行，所以大部分時候得靠自己想出的笨方法去解決。

我最大的問題是缺乏注意力，好一點的說法是，我沒有能力控制自己的注意力。並不是說我無法專注，我只是很難在對的時間點集中注意力在對的事情。我無法專注於當下，我的心思總會飄到下一件更有趣的事。當我分心時，等待我去完成的工作不斷地累積，直到我再也無法承受。我常常發現自己無法達到他人的期望。這些情緒日復一復折磨著

我，我開始陷入自我懷疑，並產生恐懼。沒什麼比因為恐懼而生的可怕謠言，更容易讓人分心。

我羨慕那些成績優秀的同學，他們能專注於課業，筆記上寫滿了課堂筆記，內容鉅細靡遺。他們保持專注的祕訣是什麼？我開始對於秩序和紀律感到著迷，我覺得這兩種特質極好，但對我來說卻相當陌生。我開始運用一些方法拆解其中的奧祕，採用符合我大腦思考模式的做法，一次一個步驟，讓我的混亂生活逐漸步上軌道。

我不斷嘗試，也犯了許多錯誤，終於摸索出有效的做法，並把這些做法寫在老式的紙本筆記本裡，這本筆記本結合了計劃表、日誌、筆記、待辦事項清單、以及速描的功能。這是非常實用、而且可靈活應用的工具，幫助我的思考更有條理。漸漸地，我不再那麼容易分心、情緒崩潰，也愈來愈有生產力。我開始明白，只有我才能解決自己的難題。更重要的是，我知道自己可以做到。我逐步消除自我懷疑與恐懼，儘管過程緩慢，卻意志堅定。

二〇〇七年，我在一家總部位於紐約時代廣場的時尚品牌擔任網站設計師。我之所以得到這份工作機會，是透過一位朋友介紹。她就在這家公司工作，當時她正為籌備婚禮而忙得焦頭爛額，辦公桌上堆滿了筆記本、便利貼、碎紙片，有些已經堆了幾公分高，就像是犯罪劇裡氣氛焦躁不安的祕密地圖室。我一直在找機會回報她幫我介紹這

份工作。有一天，我看到她四處翻找雜亂的筆記，我有些笨拙地把我的筆記本拿給她看，告訴她我是如何使用筆記本的。她吃驚地看著我，讓我大感意外，也有些驚恐的是，她竟然接受了我的提議。我倒吸了一口氣。我到底在做什麼？竟然把自己的筆記本拿給別人看，讓他們徹底看穿我的心思。嗯，是的。

幾天之後，我們相約喝咖啡。我笨口拙舌地指導了一番，告訴她我如何整理自己的思緒，包括我使用的記號、系統、範本、流程和清單等等，這讓我很沒有安全感。對我來說，這些都是我用來彌補自己有缺陷的大腦所設計的工具。直到結束前，我都盡可能避免和她有眼神接觸。後來，我有些不知所措地抬頭，看到她張著嘴，我所有的不安立即一掃而空。在令人尷尬的短暫停頓之後，她說：「你應該要和其他人分享。」

經過那一次有些難為情的個別指導之後，我需要更多的鼓勵，才有辦法和別人分享我的做法。幾年下來，我發現自己可以很有技巧地回答設計師、開發人員、專案經理、客戶經理等人針對我沿用至今的筆記方法所提出的任何問題，不會再像過去那樣怯於回答。有些人問，要如何管理日常的事務，我便告訴他們如何運用我的方法，快速記錄任務（task）、事件（event）和註記（note）。有些人問如何設定目標，我便解釋如何運用我的方法有組織地排定行動計畫，達成預定目標。有些人希望筆記不要太分散，於是我告訴他們

如何整齊有序地將所有筆記和計劃表整合在同一本筆記內。

我從來沒有想過，這些年設計的解決方法可以被廣泛應用。如果有人有特定的需求，只需要調整其中一種做法即可。我不禁開始思考，是否應該分享我的解決方案，解決組織上常見的共通難題，幫助其他人避免、或至少減輕我之前承受的挫折感。

這想法雖然好，但是我如果要再次開口分享，絕不會像以前那樣自由發揮，讓人毫無頭緒。我把整個系統形式化、簡化，刪減不必要的細節，只保留當中最有效的技巧。以前從沒有人這樣做過，所以我必須發明新的語言，讓這套系統擁有自己的詞彙。這樣更容易對其他人解釋這套系統，其他人也更容易學習。現在，該為這套系統取名，這個名字必須能反映這套系統的速度、效率、傳統和目的性。所以我將其取名為「子彈筆記」（Bullet Journal）。

我成立了網站，包含互動式教學和影片，引導使用者運用子彈筆記系統。當網站的不重複造訪人次突破一百時，我開心地笑了。對我而言，這算是任務達成。隨後，發生了意想不到的事。Lifehack.org 網站專題報導 Bulletjournal. com，接著是 Fast Company 雜誌，之後一傳十、十傳百。數天內，網站的不重複造訪人次從一百暴增至十萬。

子彈筆記網路社群如雨後春筍般紛紛成立。讓我驚訝

的是，大家都願意公開分享自己的做法，幫助其他人解決個人難題。退伍軍人分享自己如何運用子彈筆記錄軍隊生活，治療創傷後壓力症候群（Post-Traumatic Stress Disorde, PTSD）。患有強迫症（Obsessive Compulsive Disorder, OCD）的人分享如何讓自己遠離強迫性的想法。我也聽到許多像我一樣患有注意力缺失症的人，分享自己如何改進課業成績、減少焦慮，我真的很感動。儘管現今許多網路社群帶來負面影響，子彈筆記社群卻創造了正向與相互支援的虛擬空間，運用同一套系統個自解決不同的問題。

二〇一七年五月，珊蒂（Sandy）在臉書上看到一支影片，這是她第一次接觸子彈筆記的概念。當時她睡眠不足，要照顧才剛學走路的小孩，生活一團混亂，常常忘東忘西，和現在的她簡直判若兩人。一連串思緒浮現在她腦海：她睡得夠嗎？她的免疫系統正常嗎？幼稚園申請的截止日是什麼時候？每當一件事情結束，緊接著就有另一件事發生。她壓力大到喘不過氣，情緒低落。其他的母親是否知道她不知道的事情？當她知道有一套組織化系統只需要一本筆記本和一支筆，當下覺得不妨一試。

第一步是製作記事表，列出當月要做的所有事情。她將每個家人的行程分別寫在不同欄位裡。每個人的工作時間都不固定。但現在她終於可以為原本如雲霄飛車般的生活按下暫停鍵，讓自己有足夠的時間停下來，看看未來四星期每個人分別在哪。過去幾年，他們夫妻兩人總有一人

忘記去幼稚園接小孩，想到這點就讓人感到膽戰心驚。未來的日子，他們很可能又會忘記做某件重要的事情，這只是時間早晚的問題而已。

珊蒂決定增加一個欄位，記錄重要事件和生日，這樣就可以清楚顯示所有資訊。至於每月的財務紀錄，她列出每筆帳單的繳費期限以及金額。此外，她還加上日誌方格（daily box），追蹤自己的習慣和目標，或者提醒自己要停下來深呼吸。

每天手寫筆記，出奇地讓人感到療癒。之前試過的其他許多系統，都承諾能讓她混亂的生活步入正軌，但都無法帶來持久的改變，所以這次珊蒂也沒有太高的期望。

珊蒂繼續遵循下一個階段的指示。這一階段的目的是讓她對於自己的生活有全面的了解。未來一年她有什麼抱負？在年度目標的頁面，她勇敢寫下過去多年未曾努力嘗試、至今仍毫無進展的熱血計畫。她的強迫症是否影響了她願意花時間寫字和繪畫的決心？或者只是因為她太忙了？她只知道，自己的潛能並沒有被完全發揮。

接下來幾星期，珊蒂都會坐下來寫筆記，這個習慣是自然而然地形成，不費吹灰之力，就像是每天都要刷牙一樣。雖然看起來有些愚蠢，但是每天檢查日誌，提醒她每天有固定數量的工作要完成，這讓她開始有了動力。她再

也不會忘記任何一筆帳單,再也不需要因為忘記某個人的生日,而必須發送長篇的訊息向對方道歉。另一件讓她驚訝的事,子彈筆記的版面形式提醒了她,日常瑣事也是達成更遠大目標的一部分。每天她都會看到自己寫下的月目標和年度目標,讓她意識到自己有長期規劃,而她也正在達成目標的路上。她的做法是在每天的日誌(daily log)增加一項小型熱血計畫,例如花十五分鐘手寫筆記,而且是每天第一件要完成的工作。只要在滑手機之前做這件事,就等於多了十五分鐘的時間。時間似乎因此增加了。

不久,珊蒂便注意到,寫筆記的好處不僅讓她變得有組織、冷靜。這些年她一直深受強迫性皮膚搔抓症(Dermatillomania)所苦,更因此感到羞恥。珊蒂的症狀主要集中在手指,常因為手指的外觀太過嚇人而取消會議或面談,有時候甚至痛到睡不著覺。她時常掉東西,甚至無法完成最簡單的工作。例如,她會請她先生或母親幫她擠檸檬加到茶裡,避免自己的手指因為碰到檸檬酸而疼痛。

持續撰寫子彈筆記幾個月之後,有一天她在廚房忍不住落淚。她低頭看著自己的雙手,然後自己擠檸檬,她的手指再也不痛了。她用手寫下每一行、每個字母、每個記號,讓自己的手指保持在忙碌狀態,並逐漸治癒病症。她在筆記本上特別設計了一頁,紀念這一天。

子彈筆記不僅幫助她規劃、記錄以及留存記憶,更讓

她變得有創意，最終治癒手指的疼痛。她再也不需要隱藏，也順利加入了充滿鼓勵與熱心支援的社群。在社群中，她不再是孤單一人。這些子彈筆記專家富有創意、靈活與熱情，運用我的基本方法並稍加修改，以符合自己的特殊需求，這讓我有了靈感，也是促成我決定寫這本書的部分原因。

不論你是資深的子彈筆記專家或是剛起步的新人，《子彈思考整理術》這本書是寫給所有在數位時代苦於尋找自我定位的人。這本書提供簡單的工具和技巧，幫助你更有組織力，讓你的日常生活更明確、有方向、有焦點。不過，讓你感覺有條理只是表象，還有更為深層以及更珍貴的意涵。

我始終認為，注意力缺失症讓我顯得與眾不同。子彈筆記社群讓我了解，我自身的情況強迫我及早認清了某件事，這也是數位時代常見的通病：自我意識的缺乏。

如今是史上連結最緊密的時代，但是我們缺乏人與人之間的接觸。我們被源源不絕的資訊洪流淹沒，被過度刺激而焦躁不安，過度工作而心有不滿，不斷接受訊息而感到倦怠。科技滲透至生活的各個角落，讓我們不斷分心。我的方法提供了一個類似庇護所的空間，幫助我重新定義並聚焦在真正重要的事情上。現在，無數人認為子彈筆記方法最重要的優點是讓他們重新取回生活的主導權。

子彈筆記法已經幫助許多人放慢步調、重新調適、開

15.12.17
SQUEEZED
A LEMON
— NO —
stinging

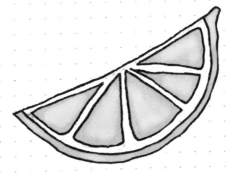

15.12.17 自己擠了檸檬，完全不痛

發自我潛能。二〇一五年，個性害羞的設計師安東尼・哥洛提（Anthony Gorrity）辭去令人不滿的廣告代理商工作，成為自由工作者。過去幾年他一直夢想自己出來獨立工作。但他沒預料到的是，必須不斷有產出，同時又能有效分配時間，這讓他備感壓力。他嘗試了幾種應用程式，希望讓自己更有組織，但是這些應用程式無法做到他需要的彈性。他試著用筆記本管理待辦事項，結果卻是一團糟。客戶常常毫無預警打電話給他，他得手忙腳亂地從六本筆記本中找出他要的筆記。他記得自己有寫下來……寫在某個地方……這些緊張忙亂的時刻，讓他的信心受到打擊。他天生就不是自我行銷高手，不懂得如何向別人介紹自己，爭取接案機會。一旦接了案，後面又有一連串難題等著他。他開始懷疑，成為自由工作者的決定是否錯了。後來他想到，許久之前曾看到一支影片，有人在示範某個超級複雜的日記方法。他開始上網搜尋各種怪異的關鍵字，最後找到了子彈筆記網站。這套系統並沒有他印象中的那樣複雜。他拿出新的筆記本，開始整合所有需要做的事情。

事情開始有了轉變。他愈來愈了解自己，他發現自己很喜歡寫待辦事項清單，更愛完成工作。最棒的是，乾淨整齊的筆記增強了他的自信心。把所有事情寫下來，與客戶打電話溝通時就更有膽量。他可以事先做好準備，知道自己手上有哪些素材，他覺得自己終於像個職人，而不再是推銷員。就我看來，安東尼不是沒有信心，只是需要找到方法尋回他的自信。子彈筆記提供必要的架構，幫助他變得有條理。

不過更重要的是，也讓他開發了自己的潛能。

這是子彈筆記法的重要關鍵，它可以提升你在專業領域內外的自信。你只需要簡單寫下生命中重要的工作細項，就可以找到你渴望的平衡與滿足，重新與自己以及生命中真正在乎的事情建立連結。

近日，我花很多時間和許多子彈筆記同好，例如珊蒂與安東尼聯繫，並蒐集大家的問題。很多人希望擴大子彈筆記的功能。有些人希望更進一步解決現在的世界普遍面臨的難題。我會嘗試在書中回答這些問題。

子彈筆記法包含兩大部分：首先我們會介紹這套系統，告訴你如何將筆記本變成實用的組織化工具，然後我們會討論實作範例。書中介紹了不同哲學觀，告訴我們如何活出有意義的生活──有生產力、有明確目標。我將亙古不變的真理轉化為聚焦的行動計畫，寫成了這本書，這是專為數位時代的人們所設計的類比系統，可以幫助你追蹤過去、管理現在、規劃未來。一開始我開發這套系統是為了解決自己的難題。歷經數年，這套系統已經成為個人化作業系統，徹底改善我的生活，希望也同樣對你有所幫助。

承　諾

THE PROMISE

「生活忙碌不堪。
我的存在似乎變成一長串待辦事項清單。
我早已忘卻自己的夢想、目標、
如果……會怎樣、『如果我可以』。」
── 子彈筆記達人艾美・海因斯（Amy Haines）

子彈筆記法的目的是幫助我們更加謹慎運用我們最寶
貴的兩大資源：時間和精力。如果你願意花時間閱讀這本
書，我該在一開始就提醒你這本書的重點，這樣才公平。
簡而言之，就是：

子彈筆記法讓你事半功倍，
幫助你專注於真正有意義的事，
刪除無意義的工作。

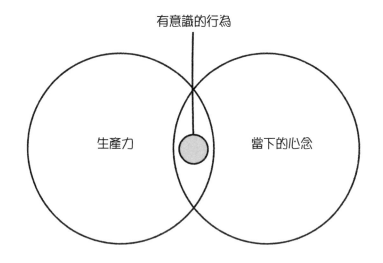

要如何做到？答案就是將生產力（productivity）、當下的心念（mindfulness）與有意識的行為（intentionality）整合到一套有足夠彈性、可隨意調整，而且最重要的，高度實用的架構。接下來我們就一一詳細說明。

生產力

你是否被各種工作、責任壓得喘不過氣？有時候生活彷彿是一場打地鼠遊戲，你整天忙得團團轉，永遠有做不完的瑣事、開不完的會議、回不完的電子郵件和訊息。你像神經病一樣一心多用，壓縮運動時間，在房內來回踱步的同時正和姊姊視訊通話，她叫你呼吸放慢一點。你無法專心做任何一件事，感覺很糟。你討厭讓別人失望，讓自

己失望。你剝奪自己的睡眠時間,將睡眠減到最少,常常到了早上你就像是個行屍走肉,因為……你的睡眠時間已經少到不能再少。

我們不妨回顧一下歷史。一九五〇到二〇〇〇年,美國人的生產力增加一～四%[1]。然而,自二〇〇五年,先進經濟體的生產力成長幅度開始趨緩,二〇一六年美國的生產力甚至出現下滑[2]。或許是因為,變化快速的科技雖然提供了幾乎是無限的可能性,讓我們閒不下來,卻無法提升我們的生產力?

針對生產力下滑的問題,一種可能的解釋是,人們因為資訊超載而陷入癱瘓。如同丹尼爾‧列維廷(Daniel Lvitin)在《大腦超載時代的思考學》(*The Organized Mind*)書中所說的,資訊超載對於注意力的影響,遠大於身體疲累或吸大麻[3]。

顯而易見,如果要提升生產力,就必須去除讓人分心的事物。我們必須遠離科技,至少暫時離開一段時間,確保我們能維持一定的生產力。這時類比式解決方案──子彈筆記,便能派上用場。使用類比方式,你才能離線並騰出必要的空間,處理資訊、思考、與專注。當你打開筆記本,便能讓你周遭的忙亂世界暫停。你的心思得以專注在自己的人生。生活不再是一團混亂,你可以更清楚地審視人生。

我們習慣同時使用不同工具管理生活。有些事情用應用程式，有些事用日曆。時間久了，把自己搞得像是拼貼出來的科學怪人，在便利貼、應用程式、電子郵件之間不停切換，工作效率低落。這麼做有時候或許有用，但同時也會讓你情緒崩潰。你總是浪費時間思考資訊要存在哪裡，想好之後才能開始動手：該寫在筆記應用程式裡，還是寫在便利貼上？某張便利貼究竟放在哪？

常見的情況是，一個很棒的點子、值得保留的想法或是給自己重要的提醒等等，因為便利貼放錯地方或是應用程式過期而就此遺失。種種的無效率耗盡你的精力，但這一切都是可以避免的。子彈筆記將成為你的「事實來源」（source of truth）。這不是什麼神祕的邀請，要你盲目崇拜這種方法學。它的目的是要幫助你，再也不會想不起來之前的想法是被記錄在什麼地方。

> 子彈筆記法幫你釐清超載的思緒，
> 保持客觀距離，重新檢視想法。

一旦你知道如何把所有的想法集中記錄在同一個地方，就可以開始學習如何有效排定優先順序。每當有人打電話給你、寄電子郵件給你、發訊息給你，都希望你能立即回覆。很多人只是被動回覆源源不絕的訊息，而不是主

動設定優先順序，整天手忙腳亂地應付不斷累積的工作。
我們不可能依據永無止境的外部需求設定我們的優先順
序，因為我終究會被這些需求淹沒，眼睜睜地看著各種機
會流失：例如改進大學在校平均成績、獲得升遷、參加馬
拉松、每兩星期讀一本書。

> **子彈筆記法幫助你拿回主導權。**
> **不再被動反應，而是主動應對。**

你將學會如何處理各項難題，將模糊的好奇心轉向有
意義的目標；如何將大目標劃分為規模更小、更容易管理
的小目標，然後有效採取行動。如果你的目標是提高這學
期的在校平均成績，下一步該怎麼做？每堂課的成績都
必須提高？錯，你要專注改善成績差的科目。哪一堂課的
成績落後？這堂課的下一個作業是什麼？寫論文。好的，
寫論文之前，你要讀哪一本書？去圖書館借書——這就是
你現在必須去做的最重要一件事。至於成績已經很好的科
目，如果再提高一些分數呢？根本是在浪費時間。

在這本書中，我們會介紹已獲得科學證明的有效技
巧，幫助你將任何形式的筆記本轉化為有效管理生活的強
大工具。我們會指引你如何去除讓你分心的事物，將你的
時間和精力聚焦在真正重要的事情上。

心念

　　噢，又是一個讓人摸不透的玄祕字眼。不過別擔心，我們不需要西塔琴伴奏。我們所說的「心念」，指的是強化對於當下的覺察。提高生產力很好，但子彈筆記法並不是要你加快已經是高速輪轉的生活步調。

　　我們所處的時代，科技提供了幾乎無上限的選項，填滿了我們的生活，但是我們比以前更容易分心，而且更為疏離。搭機時，我們坐在以每小時六百英哩速度航行的飛機上觀看世界，卻不知道自己究竟在哪。如果幸運的話，你或許可以看到下方海面波光粼粼，或是陣陣閃電穿透遠方烏雲。但多數時候，我們只是乘客，一邊消磨時間，等待著令人不安的降落時刻。

　　如果旅程本身就是目的地，就如同那些熱情擁抱當下的人常說的，我們必須學習如何成為更好的旅人。要成為更好的旅人，首先要找到自己的定位。現在的你身在何處？你希望待在這裡嗎？如果答案是否定的，那麼你想要前往何處？

要找到自己的定位，
得先知道自己身在何處。

我們必須放慢腳步，好好看清眼前的一切。第一步是意識到自己是誰，你想要的是什麼。以神經學觀點而言，手寫行為不同於其他攫取機制（capturing mechanism），前者可以幫助我們的心思專注當下[4]。唯有專注當下，我們才能真正認識自己。支持手寫筆記的美國名作家瓊‧迪迪安（Joan Didion）五歲開始寫筆記。她相信，身處在容易分心的環境，筆記本是最佳的對抗方法之一。「我們太快忘記我們以為不會忘記的事情……我們忘記愛與背叛、忘記曾經為哪些事喃喃低語與驚聲尖叫，忘記我們是誰……如果能與自己溝通，是好事一件，我認為這就是寫筆記的目的。你必須靠自己的力量，手寫筆記與自己溝通：你的筆記本幫不了我，我的也幫不了你。」[5]

身為數位原住民的你們，不用害怕。請忘記狄更斯小說中，窩在閣樓裡，在微弱燭光下，弓著背、瞇著眼寫字的人物。在這本書中，你將會學到如何快速有效記錄自己的想法，你將會懂得如何以生命的速度寫日誌。

這正是子彈筆記的功用所在。我們會探討不同的技巧，幫助我們養成習慣，定期提出上述的問題，不再因為忙於日常瑣事而迷失。換句話說，子彈筆記法可以讓我們意識到為什麼自己正在做這些事。

有意識的行為

回想一下，曾經讓你感動或是改變你人生觀的一本書、一場演講或是一段名言，其中蘊含的智慧激勵了你，讓你對自己充滿期許。只要運用新學到的知識，事情就會變得更簡單，你會變成更好的人、思慮更透徹、更有自主能力。

現在，有多少知識依然對你有用？我指的不僅僅是智識上的充實，還包括實用層面。你有因此成為更好的人、更好的朋友或是更好的伴侶嗎？你有維持理想體重嗎？你有變得更快樂嗎？常見的情況是，你先前所學的知識即使仍留存至今，也已經失去影響力。並不是說這些知識對你毫無幫助，只是影響力無法持久。為什麼？

忙碌的生活容易讓我們的信念與言行分離。就像水一樣，我們傾向於選擇阻力最小的那條路徑。我們很難在每一天的忙碌中，養成新習慣。但是任何一位運動員都會告訴你，你得一再經歷肌肉撕裂與重新鍛鍊的過程。就像鍛鍊肌肉，我們也需要訓練、強化有意識的行動。

我們很容易忘記要冥想，或是隨意找藉口不做瑜伽，可是一旦忘記每天必須完成的任務，就會立即導致嚴重後果。如果有某種機制可以支持你去做想做的事，同時在一整天當中不時提醒你這些真正重要的事，結果會如何？

子彈筆記法是信念與行動之間的橋樑，
有意識地將信念融入日常生活的行為當中。

例如，子彈筆記達人海因斯曾提到，她的個人化「群組」（collection）——稍後會讀到——幫助她迅速克服永遠有做不完的待辦事項的絕望感受，專注於她真正想做的事情。她利用子彈筆記記錄關於事業經營的想法、她希望認識的人、需要查看的應用程式、希望嘗試的新茶等等。如此一來，她就能掌控真正重要、但卻一直無法完成的事情。

透過子彈筆記法，你會自然而然養成內省的習慣，開始定義什麼是重要的、為什麼重要、如何用最佳方法完成這些重要的事情。每天你會被溫柔地提醒，要問自己這些問題，無論你身在何處，也許是董事會、教室、甚至是急診室，你都能更容易地採取行動。

許多人利用子彈筆記法找到夢想中的工作、成功創業、結束痛苦的關係、移居到另一州，有些人透過子彈筆記的內省原則，重新認識自己，活得更為滿足。這些原則源自於全球各地的傳統智慧。子彈筆記猶如一面反像稜鏡，吸收傳統智慧，然後匯集成一道光束，幫助人們看清楚自己現在的位置，同時照亮未來的路。它將賦予你自主的力量，重新過有方向的生活，從旅客變身為領航員。

指 南
GUIDE

子彈筆記絕不是只能同享樂、不能共患難的朋友。它
非常盡責地陪著我度過人生不同階段的苦難與快樂。我經
歷過各種不同的角色：學生、實習生、心碎的人、設計師，
以及其他角色，它一直都是我的導師。它總是不帶批評或
期望地歡迎我。我開始撰寫這本書時，也希望它能成為你
們的朋友。這本書就如同是你們的子彈筆記基地營，為你
第一次登山做好準備，隨時歡迎你回來休息、重新補充裝
備、做出適當的調整。

你的裝備

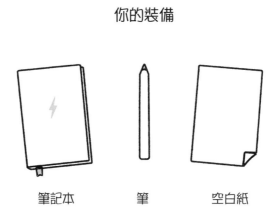

筆記本　　　　筆　　　　空白紙

寫給新手們

　　如果這是你第一次接觸子彈筆記，歡迎加入！謝謝你願意花時間閱讀這本書。我希望你能依序從頭到尾看完，才能得到最多的收穫。整個過程需要你的參與。我們希望藉由謄寫（transcription）（第 63 頁）的方式，幫助你更快速將這套系統銘刻在心中。你只需要準備一張白紙、一本空白筆記本以及希望寫下的內容即可。

　　子彈筆記法包含兩大元素：系統和實作。本書的第二篇將會詳細說明這套系統。你會知道每項要素的名稱以及使用方法。如果以廚房作為比喻，本書的第一和第二篇會幫助你成為技巧純熟的廚房員工。第三和第四篇則會說明實作方法，你將學會如何成為一名廚師。我們會說明子彈

筆記背後各項要素的緣起與科學證明，你可以依照自己的需求調整這套系統。

寫給資深好手或介於兩者之間的人

這本書的架構是仿照子彈筆記的系統，每個章節都是獨立的群組。只要你熟悉子彈筆記的詞彙，就可以翻到任何你感興趣的章節。如果你不熟悉這些詞彙，那麼就從第二篇開始！

如果你想要複習相關的技巧，本書的第二篇詳盡說明了你所熟知且熱愛的這套系統。我們會深入探討每個核心群組與技巧，解釋系統背後的緣由與歷史。第四篇我們透過模擬專案示範如何實際應用這些技巧，同時讓你了解如何延伸以及客製化設計這套系統。

不過，這套系統只是這本書的一部分。

本書前半部說明如何運用子彈筆記法，
後半部則探討為什麼要使用子彈筆記法。

如果你用子彈筆記法已經有一段時間，你可能會覺

得，除了更有效管理待辦事項之外，它還有更多優點。你可能發現，自己變得更務實、更有自信、更專注、更鎮靜、更有靈感。這是因為子彈筆記法融合了不同的科學原理和哲學思考，目的是讓我們過著更有目的性的生活。在書中，我會為大家揭開謎團，說明為什麼子彈筆記可以達到這些成果。了解這些更深層的脈絡，不僅讓你所做的一切能產生實際的效用，更可以讓子彈筆記的運用提升到新的層次。

不論你現在處在何種階段，新手或高手都無所謂，深入理解子彈筆記法的核心，提高生產力、專注當下真正重要的事，就能妥善經營自己想要的生活。

為什麼

THE WHY

「所謂有意識的生活，
是在他人的決定影響我們之前，
為自己做主的本事。」
—— 國際演說家理奇・諾頓（Richie Norton）

　　我第一次創業成立了「繪圖照片」（Paintapic）公司，
一開始只是一間儲藏室，裡面放滿了上千個頂針大小的顏
料管。公司主要的服務是將客戶的照片轉成客製化的數字
彩繪（paint-by-numbers）工具組，包含有畫布、顏料、和
畫筆。當時我還有一份正職工作，但工作量繁重，所以只
能在晚上和週末處理自己公司的事情。

　　後來正職工作的公司領導層換人，在新擬定的營運方
向之下，原本我一直樂在其中的創意專案被迫終止。公司
的新願景限制太多，我認為自己再也無法為公司創造價
值。但是，我能夠為繪圖照片公司創造潛在價值，唯一的

限制條件就是我能投入的時間長短。於是我決定豁出去了。
為了自己的公司，我捨棄社交生活，全心投入工作。

我的創業合夥人說服他老闆，將廢棄儲藏室租給我們
作為辦公室。整整兩年，我們每天晚上和每個週末都待在
只有一個小小毛玻璃窗的陰暗儲藏室裡。我們在這間猶如
巨大頭蓋骨的擁擠空間內做出了數千個決策。每個細節，
包括畫筆刷毛的多寡，都是不厭其煩經過再三確認，才作
出最後的決定。儘管工作辛苦，我們卻樂此不疲。我們非
常享受創業的過程。

最後，等待已久的時刻終於到來：產品上市。訂單大
量湧進，營收持續飆高，公司開始有了盈餘。一開始在沒
有任何外部資金挹注的情況下，我們的業績開出紅盤。對
於一家新創公司來說，這是非常罕見的。從各方面來說，
我們算是（普通）成功。

網站上線之後，我在網站下了一筆訂單。我記得當時
非常興奮，等不及要收到自己訂製的彩繪工具組。網站運
作一切正常！但是，我馬上就分心了。當我走樓梯回到樓
上自己的房間時，心思已經飄到別的事上面，順手就把顏
料丟到一旁。直到今天，這條顏料一直待在某個地方，從
沒有被打開過。一幅看起來傻呼呼的哈巴狗畫像（我們的
非官方吉祥物）遲遲等不到有人幫它上色。

我的心不在焉迅速蔓延到公司營運的各個層面。這讓我非常困擾，而且深感挫折。表面上，我完成了所有會讓我感到開心的事情，我犧牲了這麼多，才能擁有今天的成就。如今我做到了，但這一切似乎不再重要。而且不只是我，我的合夥人也有相同的感受。創業的過程以及我們從中獲得的快樂蒙蔽了我們的雙眼，無法看清一個再簡單不過的事實：我們根本就不是數字彩繪迷。雖然這個產品為我們顧客的生活增添價值，但是對我們來說卻沒有任何價值。我們並不熱愛這個產品，我們只是愛上了創業過程帶來的挑戰。

我們有多常發現自己身處於這樣的情境？你非常努力完成某件工作，最後卻發現自己一點也不滿足。你只好更努力工作，填補心裡的空缺。你心想，也許再多花些時間，就會有成就感，而且真心熱愛自己的心血成果。可是當你盡了最大的努力，卻沒有絲毫的成就感，一定很不好受。為什麼會這樣？

你辛苦地減重、節食、超時工作，真正的目的是什麼？是為了健康因素所以減重十鎊，還是為了擺脫一段讓你自信全無的負面關係？你或許不知道，你一直拖延逃避，不願和另一半深談，用加班晚回家當作藉口，不論你在公司留多晚，永遠都無法解決問題，因為你根本登錯了山頭。

　　我們的動機受到媒體左右。我們的社群平台充斥各種展現財富、旅遊、權力、放鬆、美麗、歡樂、好萊塢式戀情的影像。這些虛擬世界的訊息徑流，逐漸滲透至我們的意識中。每次上網，我們的現實感和自我價值感就遭到扭曲。我們將自己與這些虛構故事進行比較，並據此建構我們的計劃，期盼未來買得起進入這些虛假幻境的黃金門票。但我們看不到的是，風光背後長達數個月的規劃，各路英雄好漢帶著自己的大頭照在試鏡室外排隊等候，幕後製作團隊的支援，雙排停車的卡車上載滿攝影器材，長期失業的魔咒，連續幾星期的雨勢導致拍攝停擺，外景拍攝現場發生食物中毒，人員離去後只剩空置的佈景。我們被永無止境鼓吹成功的媒體訊息蒙蔽了雙眼，失去機會用自己的觀點去定義什麼是重要的。

　　布洛妮 · 威爾（Bronnie Ware）是來自澳洲的護士和作家，過去幾年在一家安寧照護中心工作，陪伴病患度過最後幾星期的生命旅程，她記錄了每位病人最後悔的五件事。第一件就是沒能誠實面對自己。

　　當人們知道生命將盡，更能清楚看待過往，發現有多少夢想未能實現。多數的病患心知肚明，因為自己曾經做出以及未做出的決定，導致有半數的夢想未曾實現，只能抱撼離開人世。[6]

　　我們一生中會面臨各種選擇：好的、壞的、大的、小

的、快樂的、困難的，還有其他更多。有時我們只是隨意做決定，有時是抱持特定的意圖。這代表什麼意思？什麼是有意識的行為？哲學家大衛·班特利·哈特（David Bentley Hart）將「有意識的行為」定義為「心智的根本力量，指引心智朝向某個東西……也許是特定的物件、目標或目的。」[7]它是一種心智力量，引導心智朝向它認為有意義的目的，並採取行動到達這個目的。

如果「有意識的行為」指的是依據信念行動，

相反的做法便是採取自動駕駛模式。

你知道自己現在為什麼在做這件事嗎？

如果我們不知道自己要什麼以及為什麼，就無法誠實面對自己，這就是我們首先要做的第一件事。我們必須逐步建立自我意識，這過程可能需要耗費心力，但也可能很簡單，只要仔細觀察什麼事情會引起我們的共鳴或引發興趣，以及哪些事情無法引起我們的共鳴或興趣，後者也很重要。當我們開始找到吸引我們注意力的事物時，就可以依據我們的信念，準確定義自己的夢想。

當我們相信自己正在做的事情，就不會陷入漫無目的的窮忙狀態。我們會變得更創新、有創意、活在當下。我們不僅會更努力工作，而且會更聰明地工作，因為我們的

內心和思考都真正專注在努力的目標上。

　　建立自我意識是一輩子的功課，但是你可以從檢視自己的日常生活開始，這時子彈筆記便派上用場。你可以把子彈筆記當作是一本活自傳，你可以從中明白，匆忙的生活步調如何讓你看不清真相。你可以追蹤自己所做的每個決定、採取的每個行動，是如何造就現在的你。你可以從過去的經歷當中學習。哪些行得通、哪些不行？你的感受如何？下一步要如何行動？日復一日，你會親眼見證自己的人生故事，逐步強化自我意識。隨著筆記內容的累積，你愈來愈能區別哪些事情是真正有意義的，哪些是毫無意義的。如果你不喜歡自己的人生故事走向，那麼就得具備必要的技巧和決心，改變故事，正如同瑞秋（Rachael M.）和她先生所做的：

> 我的全職工作是平面設計師，自己獨立接案，一星期有幾天也擔任青年領袖，協助我先生的牧師工作。我和我先生是兩年前相識的。我們開開心心地結婚，但是婚後，有太多需求、太多的事情要記得、太多活動要安排，我們兩人都快抓狂了。
>
> 我們努力溝通，相互更新各自的行程。我每天出門工作，在回家的路上順便購買雜貨用品，回到家要下廚做飯、整理房子，努力記住要完成的每一件事。然後就到了睡覺時間，第二天再重新來過。除此之外，我發現自

己的甲狀腺出了問題，而且對麩質和乳糖過敏。現在，做飯變得更麻煩，我的情緒徹底崩潰。

我們還要努力保有兩人共處的時間，這是維繫幸福婚姻生活的重要關鍵。但是，我先生是牧師，他的工作時間都集中在晚上以及週末，所以只能在週間休息。但我的工作時間是正常的朝九晚五，從週一到週五，因此很難擠出兩人都有空的時間。在這段關係中，我是比較外向的，但是大部分時候卻感覺很孤單，因為週末需要他的時候，他都在工作。

我們都知道必須做些改變，所以我們開始在子彈筆記本上安排所有的事。我們運用週誌（Weekly Log）和月誌（Monthly Log）事先看到所有的行程，了解接下來要做哪些事。這樣我們就能知道自己未來幾天會有多忙，並預先意識到要空出一段時間，留給我們兩人。這也讓我明白，如果要有足夠的相處時間，關鍵是星期六，所以我們調整彼此的行程，盡可能確保每個星期六可以一起過。

此外，子彈筆記幫助我們重新聚焦個人目標。我先生和我在結婚之前，彼此都單身了一段時間，而且各自在喜歡的領域建立了成功的事業。我們都熱愛自己的工作，習慣將大部分精力投注在工作上，這對我們來說非常重要。我們必須學習如何將婚姻放在工作之前，而不是只

有工作。我們會運用數位日曆同步整合兩人的行程，但是手寫的動作以及坐下來在子彈筆記本上記錄工作事項的過程，讓我們有機會彼此對話，並提早看到全部行程，不會因此見樹不見林。如果發現在外的行程太滿，也會表達心中的擔憂並提醒對方，這讓我們感覺兩人是一體的，我們可以共同規劃生活，而不再像過去，各自將兩個忙碌的行程整合在一起。我們熱愛婚姻和工作，希望協助彼此在專業上成功。

現在，將近八個月過去，無論在生活的各個層面，我們完成的工作事項比以前多，而且都能在晚上八點前完成。感謝子彈筆記，我能完全掌控自己的生活。我知道接下來的行程，而且有時間反思，確保自己真正專注在對的事情上。我重拾對婚姻與工作的信心，因為我知道先生和我的想法是一致的，我們一起朝著明確的共同目標邁進——我們也在日記的前頭寫下了這些目標。

——瑞秋

這就是有意識的行為改變生活的例子。它並非完美無缺、簡單容易、或毫無差錯，甚至並非總是快樂的。但當你遵循這條路徑，喜悅會隨之而來。有意識的行為，是依據你的信念採取行動，寫下你真正相信、並引以為傲的人生故事。

清 整 思 緒

DECLUTTERING YOUR MIND

「你覺得沒用或是不美的東西，就別留在家裡。」
—— 英國知名工藝運動領導人
威廉・莫里斯（William Morris）

　　研究顯示，我們每天會有多達五至七萬則想法[8]。如果每個想法代表一個單字，這代表我們的心智每一天會產生相當於一本書的內容。但與書不同，我們的想法不是有條理地組織而成。狀況好的時候，這些想法之間隱約存在某種連貫性。所以我們的心智總是得想辦法釐清雜亂的思緒。但是，應該從何開始？哪一個想法先？我們會發現，自己在同一時間處理太多事情，注意力太過分散，無法將應有的注意力投注在每一件事情上。通常我們會說自己「很忙」。但是，忙碌不代表有生產力。

很多人「很忙」，
背後的真相是生活失控。

　　為什麼這麼說？我們沒有時間，是因為要處理太多事情，但每件事卻沒有得到應有的足夠時間。這不僅是二十一世紀的問題，而且隨著隨手可得的科技工具無上限增加，問題也加速惡化。我們應該要用打字、文字訊息、電話、電子郵件、部落格、Pinterest、推文、Skype、視訊通話、視訊會議、簡訊，或是對著數位個人助理大聲喊叫來完成工作？如果全部都要用上，誰先誰後？（噢，在開始行動之前，還得先升級、更新、重新啟動、登錄、認證、重設密碼、清除歷史紀錄、清除快取記憶，然後在我們知道往何處去之前，已經犧牲了我們最寶貴的東西……結果還是搞不清楚究竟要去哪裡？）

　　選擇的自由是一種特權，如同一把雙面刃。每個決定都需要你的專注力，你必須投入時間和精力。兩者都有限，因此格外珍貴。

　　華倫・巴菲特（Warren Buffett）是當今最成功的投資大師之一，他曾告訴他相當信賴的私人飛機駕駛麥可・弗林（Mike Flint）以下的忠告。當時他們正在討論弗林的長期計畫。巴菲特要求弗林列出最重要的二十五個生涯目標。

弗林寫好之後，巴菲特要求他圈出最重要的五個目標。巴菲特問弗林關於那五大目標時，弗林回答說，「這五個是我首要專注的目標，其他二十個較為次要。但他們還是很重要，一旦時機適當，我就會陸續完成這些目標。他們比較沒那麼緊急，但我還是會投入必要的努力。」

結果巴菲特回說，「不，你錯了，麥可。沒有圈起來的目標就成了『絕對要避開』的工作項目。除非你完成最重要的五大目標，否則你不能分心去想其他目標。」[9]

美國前總統歐巴馬（Barack Obama）在接受《浮華世界》（*Vanity Fair*）專訪時表示，「你會發現我只穿灰色或藍色西裝，就是為了減少決策。」[10] 臉書創辦人馬克‧祖克柏（Mark Zukerberg）總是穿著灰色運動衫，蘋果創辦人史帝夫‧賈伯斯（Steve Jobs）每次現身都是黑色高領上衣搭配牛仔褲。他們都意識到，思考各項選擇是極為費神的事，因此盡可能減少生活中的決策。

心理學家羅伊‧鮑梅斯特（Roy F. Baumeister）在《增強你的意志力》（*Willpower*）書中曾提到：「不論你多麼理性或高標準，都無法持續做出決策而無須付出生理上的代價。這和一般的身體疲勞不同——你沒有意識到自己累了——但你的心理能量已被耗損。」[11] 這種狀態就是所謂的決策疲勞（decision fatigue）。換句話說，你要做的決策愈多，就愈難做出好決策。這是為什麼你比較可能會吃到不

健康的晚餐，比較不容易吃到不健康的早餐，因為在早上你的心理能量仍夠用。

　　如果不多加注意，決策疲勞會導致決策趨避（decison avoidance），特別是在面臨重大人生決策時，我們總會拖到最後一刻才做決定。困難的決策不會消失，他們只是在等待時機，而且情況會逐步惡化。我要讀哪一所大學？我想和這個人結婚嗎？我應該接受那份新工作嗎？通常你會先做其他決定，避開最重要的決定，直到最後不得不做出這個重大決定，但這時候你已經沒有多餘的專注力。這也難怪我們常常感到壓力、焦慮和崩潰。

　　於是我們藉由其他事物分散注意力，減少情緒負擔。喝酒、吃美食、旅遊、追劇。儘管你的 Netflix 片單已經排到四年這麼長，但這些影片看起來都不怎麼樣。你無法做出決定，反而壓力更大。因此為了要徹底改變，我們必須治本而不是治標。

減少決策數量，
才能專注於真正重要的事。

心理盤點清單

消除決策疲勞的第一步，就是減輕必須承擔的決策數量，方法是與這些決策保持距離。你必須退一步才能清楚辨識和控制決策數量。要做到這一點，就必須把它們寫下來。為什麼要寫下來？在你做出決定並採取行動之前，每項決策都只是一個想法而已。抓住想法就如同想要徒手抓魚一樣：他們會輕易地溜走，然後在你混亂不清的心智深處消失於無形。把想法寫下來，有助於掌握這些想法，並且冷靜檢視這些想法。將思考外化（externalize），才能有效釐清思緒，建立心理盤點清單（mental inventory），找出所有會分散我們注意力的決策。這是重新掌控生活的第一步。你得先從雜亂的噪音當中篩選出重要信號。接下來才輪到子彈筆記上場。

這就好比你要整理衣櫃，首先必須把所有東西都清出來，才能決定哪些東西要留著，哪些要丟棄。進行心理盤點的目的是要幫助你仔細清點堆積在你心理衣櫃的思緒。其中有太多無用的責任，卻佔據了寶貴的心理與情緒空間。

首先，拿出之前準備好的一張紙。將紙分成三個欄位（你可以對折兩次，然後畫線，類似後頁的心理盤點格式）。在第一欄，列出所有你現在正在做的事情。在第二欄，列出你應該要做的事情。在最後一欄，列出你想要做的事情。每一件事的描述盡量簡短，像是清單的形式。如果某項任務引

發其他多個任務，就如實寫下來。

多給自己一些時間完成這個練習，深入思考，並對自己誠實，把所有的想法從你的腦海中（以及從心裡）挖掘出來，然後寫在紙上。先深呼吸一口，然後開始。

測試

這份心理盤點清單可以讓你清楚看到，目前你的時間和精力都投入到在哪些事情。這就是你的決策地圖。下一步便是篩選出值得你花時間的重要決策。

我們很難會注意到，平時負擔了多少不必要的工作與責任，卻一直承擔著。我們忙著處理手邊正在做的事情（或是應該要做的事情），卻忘了問自己，為什麼要做這些事情？心理盤點清單讓我們有機會問：為什麼。

接著，請仔細思考清單上的每項任務。你不需要深究，針對每一項任務，你只要問自己以下兩個問題：

一、這項任務重要嗎？（對你或是所愛的人而言）
二、這項任務非做不可嗎？（例如房租、學貸、工作）

心理盤點清單

正在做

報稅

準備提給艾克米公司的簡報

整理片庫

艾美晚宴派對規劃

應該要做

運動計畫

學習如何投資

一週飲食計畫

設定五年目標

租金

健康檢查

退休規劃

想要做

規劃夏威夷旅遊

學烹飪

學外語

讀更多

寫更多

減重十磅

減少壓力

更多與朋友相處的時間

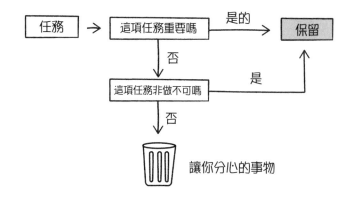

小訣竅：如果心理盤點清單當中有任何一項任務，你無法做出明確的回答，那麼就問你自己：如果沒有完成這項任務，而且一直不去完成的話，會有什麼樣的後果？

　　如果有任何一項任務無法通過這個測驗，就是會讓你分心的事物。他們無法為你的生活創造價值。你要將這些事物刪除，不要手下留情。記住，每項責任都是等待被開創的人生體驗，讓你得以窺見潛力無窮的未來。清單上的每項任務都必須為自己爭取留在清單上的機會。更準確地說，每項任務都必須爭取機會，成為你生命的一部分。

　　完成測驗之後，最後可能會留下兩種任務：一是必須做的事情，另一是你想做的事情（也就是你的目標）。在這本書中，我會告訴你如何運用這份清單，安排這兩種類型

的任務。不過,現在你已經取得所有用來填滿子彈筆記的必要素材。萬事俱備,只差一本筆記本。

　　現在你可能會問,為什麼不直接寫在自己的筆記本上?這是很好的問題。當你閱讀這本書、左思右想、嘗試各種技巧時,你會漸漸發現自己刪除掉更多的心理盤點清單。當你開始使用子彈筆記時,只要寫下你認為真正重要或是會為你生活創造價值的事情。你必須是有目的性地選擇哪些任務成為你生活的一部份,而不應該因為筆記本的頁數限制而影響你的決定。

筆記本

NOTEBOOKS

「日記寫作是一段通往內在的旅程。」
——美國作家克莉絲提娜·鮑德溫
（Christina Baldwin）

　　第一次接觸子彈筆記的人，都會問關於筆記本的問題：我們不能用應用程式記錄清單嗎？簡單回答，當然可以。市面上有許多提升生產力的應用程式。我自己也有在使用某些應用程式！身為數位產品設計師，我完全認同這些數位工具的強大功能。事實上，子彈筆記的設計就借用了軟體開發的某些概念。但是，子彈筆記的功能不僅是記錄清單而已。它是一套完整的方法學，可以幫助我們掌握、排序、檢視我們的生活經驗。閱讀這本書，就能理解筆記本如何以及為什麼能提供你很好的幫助。接下來我們就要說明使用筆記本的根本原因。

科技消除了人與資訊之間的障礙和距離。只要點擊手機螢幕，就可以在任何地方、任何時間，學習任何事物，和任何人溝通。科技帶來的便利讓我們沉迷，我們單次使用時間平均長達十二分鐘。[12] 方便也讓我們付出代價——我說的不是資費方案、電信公司聯賣或是與客服部門理論時所遭受到心靈折磨。

如今連教堂尖塔上都裝有無線增波器，沒有任何地方得以倖免。[13] 從董事會到臥室，科技挾帶著超乎我們處理能力範圍的訊息量，淹沒我們的生活。我們的注意力集中時間大幅被縮減。研究顯示，當你在房間內，而且手機就放在身邊，即便是設定為靜音或關機，還是會讓你分心。[14]

二〇一六年，美國人每天花在數位螢幕的時間將近十一個小時。[15] 如果再加上六到八小時的睡眠時間（同樣也是因為手機的使用而受到影響[16]），我們每天大約只有六小時的時間是遠離數位螢幕的。如果再加上通勤、下廚、以及處理雜事的時間，你就能看清真相：我們停下腳步思考的時間正逐漸減少。

坐下來寫筆記，可以讓你保有這項珍貴的奢侈活動。它提供你個人空間，不被其他事情干擾，可以更認識你自己。這正是我們決定子彈筆記法必須使用筆記本的主要原因：讓我們離線。

> 筆記本是我們的心理避難所，
>
> 讓我們自由思考、反思、吸收和專注。

　　筆記本的空白頁讓你的心智有了一處安全的遊樂場，你可以自由表達想法，沒有任何的評斷與期望。提筆寫字，就與自己的思考和內心有了直接連結。數位世界仍無法完全複製這樣的經驗。這是為什麼時至今日，仍有許多創意是來自碎紙張。

　　使用筆記本還有另一個理由：彈性。市面上的軟體一是功能太過強大，只有那些大膽無畏的探險家才會用到所有的功能（像是 Excel）；二是太過專業，為了提升效用只好犧牲其他功能，只能提供少許的應用（例如手機應用程式）。不論是何種情況，你都被迫在別人設定的架構下使用。這是許多生產力系統的主要挑戰：必須盡可能容納最多的差異性，同時還要顧及個人需求的持續改變。相反地，筆記本專屬於作者個人。筆記本的功用多寡，取決於擁有者的想像力。

子彈筆記的強大在於，不論你在人生哪一階段，
它都可以成為符合你需求的筆記本。

在學校，它可以成為課堂筆記。在職場，它可以作為專案管理工具。在家，它可以協助你設定以及記錄目標。例如，羅蘋（Robyn C.）在子彈筆記中設計了冥想紀錄欄位，因此得以連續四百三十二天持續冥想活動。當她想找出睡眠失調的原因時，也設計了類似的紀錄欄位。我並沒有發明這些工具，這些都是她發明的。

因為子彈筆記特有的架構方式，可同時作為多種用途。我們不應將它視為單一工具，而是一套工具組。你可以將許多提升生產力的活動整合在同一個地方，整體檢視你的生活，並觀察出不尋常的連結。如同子彈筆記達人伯特 · 偉博（Bert Webb）所說：「我會每天、每週、每月檢查，反覆翻閱我的子彈筆記，我的大腦自然而然會在不同想法之間建立更多的連結，但以前分別運用不同的數位工具時，是無法做到這點的。」

使用筆記本的另一個優點是，每一天都是新的開始。如果是數位紀錄工具，每當你開啟時，永遠處在一場永無止境的競賽途中，起點是你初次設定的時候，卻不知何時是終點？使用筆記本，每一天都是從全新的空白頁面，彷

彿是在小聲提醒你，今天還沒有寫下任何記錄。它會成為你希望成為的樣子。如同子彈筆記達人凱文（Kevin D.）所說：「以前，一天即將結束之際，我都會因為還沒有完成的工作而感到沮喪。但自從使用子彈筆記之後，我可以全權作主，將未完成的事項移到新的頁面，因為我明白，每一天都是新的開始。」

最後，你的筆記會依據你的使用方式而演變。你也可以說是你和筆記本共同演變。當你更懂得如何安排生活，你運用子彈筆記的方法也會隨之更動。它會依據你的需求改變而做出相對應的變化。有趣的是，附帶好處是隨著時間的推進，你可以一目了然地看到各項決策的歷史、經歷的人生體驗，以及你是如何一步步做出選擇、決定要走向何處。如同子彈筆記達人金・艾爾瓦瑞茲（Kim Alvarez）所說：「每完成一本子彈筆記本，便是為你的人生圖書館多增添一本藏書。」在追求意義的過程中，這座圖書館將成為你可隨時取用的資料庫。

當我們記錄自己的生活的同時，也等於是收藏了過往所有的決策與行為資料，作為未來的參考。我們可以看到過去犯下的錯誤並從中學習。記錄我們曾有過的成功和重大突破，同樣具有啟發性。不論是在工作上或生活上，我們因此知道當時身處在什麼樣的環境，自己做出了哪些決策。過去的失敗與成功都將提供我們寶貴的洞見、指引和動力，激勵我們繼續往前。

一：二〇一九年一～四月
二：二〇一九年五～八月
三：二〇一九年九～十二月
四：二〇二〇年一～三月
五：二〇二〇年四～六月
六：二〇二〇年七～十月

　　所以，子彈筆記和應用程式彼此之間相互排斥嗎？當然不是。有許多應用程式讓我的生活變得更容易，而且是筆記本無法做到的。不論是數位或類比工具，唯有能幫助你完成手邊的工作，才具有真正的價值。這本書的目的是為你的工作室介紹新的工具組──它已經獲得科學證明，並成功幫助無數人處理最難解的專案，也就是人生。

手　寫

HANDWRITING

「好記性不如爛筆頭。」
—— 中國俗諺

　　將想法寫在紙上，就賦予了它們生命。不論是文字、影像或筆記，很少工具能像筆尖一樣，讓內在與外在世界如此順暢地轉換。在強調非手感介面（interface）的現代，要求你用古老方式記錄，似乎是逆向而行。但是有愈來愈多研究顯示，在數位時代，手寫字依然具有實用性。

　　華盛頓大學（University of Washington）研究證實，手寫作文的小學生較有能力寫出句型完整的句子，也能學會如何快速閱讀。大部分原因在於，手寫的動作能加速及加深我們組合與辨識字元的能力。[17]

相較於打字，手寫動作引發的一連串複雜觸覺運動，更能有效刺激人的心智，並觸動腦部不同區域，加深我們對於所學內容的印象。因此，相較於使用應用程式做記錄，手寫下來的資訊更能長久留存在我們的記憶中。[18] 某項研究顯示，被要求手寫課堂筆記的大學生，平均成績優於用打字紀錄筆記的學生；考試結束之後，前者對於筆記內容的記憶也比較持久。[19]

> 在紙上寫字，就在同時開了燈，也打開了暖氣。
> 手寫讓我們能同時思考與感受。

上述提及的研究以及其他類似的研究均指出，手寫的優點正是許多人的抱怨所在：沒有效率。沒錯，手寫確實比較費時，但這也正是它有助於心智成長的原因。

我們不可能一字不差地抄寫所有的演講或會議內容。手寫記錄時，必須更為精簡、更有策略地用自己的語言和詞彙寫筆記。要能做到這點，就必須更仔細聆聽，思考訊息的內容，透過我們的神經篩選系統，精簡節錄他人說話的內容以及想法，然後手寫在紙上。相反地，打字很容易就變成死記硬背：就像是一條暢通無阻的高速公路，資訊從左耳進，然後從右耳出。

　　為什麼手寫筆記如此重要？科學研究指出，手寫可以加深我們與資訊的互動，強化我們的聯想思考（associative thinking）能力，幫助我們建立新的連結，激發出創新的解決方案與洞見；同時拓展我們的意識，深化理解力。

　　我們如何整合自身的經驗，決定了我們如何認知這世界、如何與世界互動。這是為什麼寫日記已被證實是有效的治療工具，可用來治癒受到創傷或患有心理疾病的患者。例如，表達性書寫（expressive wirting）便是藉由長期的寫日記習慣，將內在的痛苦經驗外化。認知行為治療（Cognitive Behavioral Therapy, CBT）則是針對腦中不斷浮現侵入性想法（intrusive thoughts）的人，透過書寫的方式進行治療，接受治療的人必須用簡短的文字，詳細描述某個令他苦惱的想法，他們必須不斷重複書寫這段文字，直到這些想法不再盤據在腦海中，並且有能力以整體觀點，保持距離思考問題——我們每個人面臨困境時，也希望能擁有這兩種能力。

　　隨著年紀增長，寫作可以幫助我們保留最珍貴的記憶。研究顯示，手寫可以讓我們思考更為敏銳，記憶維持得更長久。過去幾年我收到不少信件，告訴我子彈筆記幫助各年齡層的人改善記憶力。例如，五十一歲的子彈筆記達人布莉姬・布拉德利（Bridget Bradley）至今依然記得，「三個月前的天氣如何，上個月我去了幾次健身房，我（用電子郵件）在那家餐廳預定了座位，我七月要去度假，而

且我已想好要帶哪些東西（提早六個月！）這樣我就有時間採買與準備。」同樣地，我也從不同人身上聽到，有些人因為受到創傷或是手術而導致記憶受損，子彈筆記成功幫助他們恢復記憶。

我的好友告訴我，「不要抄捷徑」。在這個講求速度、剪貼複製的世界，我們通常會將便利誤以為是效率。一旦我們選擇抄捷徑，就再也沒有機會放慢速度、好好思考。手寫或許顯得老舊、過時，卻能讓我們重拾那樣的機會。書寫文字時，我們會自動從雜訊中辨識出信號。在這過程中，我們重新定義效率的意涵，它不再只是與速度有關，而是我們花多少時間在真正重要的事情上。這是子彈筆記所要傳遞的真正意義。

II

系 統

THE SYSTEM

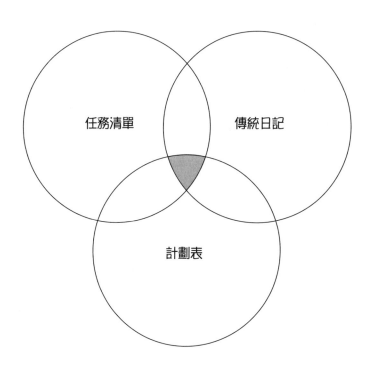

系　統

THE SYSTEM

　　你的子彈筆記可以同時是待辦事項清單、日記、記事本、素描本，它能集所有功能於一身。這樣的彈性來自於它的模組化結構。簡單來說，可以把它想像成是一組樂高積木。子彈筆記系統的每個元素都具備特定功能，也許是排定一日行程、規劃每月工作、或是達成目標。你可以自由混合或配對不同的積木，根據個人需求客製化調整這套系統。你的需求勢必會隨著時間的推進而有所改變，這樣的彈性空間讓這套系統可以隨著使用者經歷不同人生階段而彈性調整，隨時符合所需。當你改變了，子彈筆記的功能和結構也會隨之改變。

　　第二篇我們將會說明子彈筆記的核心元素，也就是構成這套系統的基礎。你將學會這些元素如何運作、為何如此運作，以及他們如何與更大的架構結合。如果你依照順序閱讀，在這裡你將學會如何設定子彈筆記，把資訊從你的心理盤點清單中轉移（migration）至子彈筆記。

　　如果你已經是筆記老手，那麼第二篇的目的是將你的子彈筆記系統提升到另一個層次。我們會深入探討你正在使用的工具和技巧，說明背後的科學原理。這部分的內容不僅可作為參考，同時也是一份實用指南，幫助你釐清使用子彈筆記過程中遇到的問題。

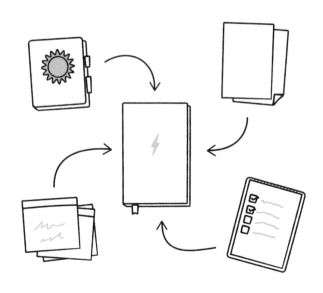

　　如果你是第一次接觸子彈筆記，我建議在下筆之前，仔細閱讀第二篇內容。每種方法和技巧都具備特定功能，所有元素加總在一起，才能真正發揮子彈筆記的效用。要讓子彈筆記創造最大的效益，了解不同元素之間如何互動以及相互影響，是非常重要的。這一篇會一步步引導你了解每個元素、它們如何運作，也會帶你開始設定自己的子彈筆記。

下水之前

　　很多別人推薦我用的組織化方法並不合邏輯，而且不太實用，往往讓我感到挫折。我不希望你看這本書會有這樣的感受。

　　我盡可能避免這部分讀起來像是產品說明書，但不可避免會有點技術導向。第一眼，你可能會感覺看到很多零件。閱讀接下來的內容時，我希望你能個別看待每個元素。將它放在燈光下仔細端詳，問自己：這個對我有幫助嗎？

　　如果讀到某個段落，覺得難以負荷，不妨後退一步，只執行對你有用的部分。多數元素在設計上都能單獨運作，即使沒有用到其他元素，被你用上的元素依然能發揮功用。如果你決定增加更多元素，不同元素之間引發的互動與連結，會更加強化子彈筆記的正面效益——除了「正

確」使用這套系統之外，你必須要有目的性地選擇適合個人生活的組合。所以，從對你有用的部分開始，只使用一個元素也沒關係。這也是建立子彈筆記的方式：一次使用一個對你有用的元素。

關鍵概念

索引

用主題和頁碼標示內容在筆記本的位置

索引	索引
未來誌：5-8 一月：9- 健身房日誌：13-16	
1	2

未來誌

用來記錄非當月的未來任務和事件

未來誌	未來誌
二月	五月
三月	六月
四月	七月
5	6

月誌

顯示當月的時間和任務安排，也可作為當月的心理盤點清單

一月	一月
1M 2T 3W 4T 5F 6S 7S	• 捐贈衣物 • 規劃旅遊 • 備份網站資料 • 看牙醫 • 托嬰
9	10

日誌

當天快速記錄的所有想法

一月一日（一）	一月二日（二）
• 捐贈衣物 o 獲得升遷 ✗ 備份網站資料 – 珍明天會來鎮上 • 預定托嬰時間	• 提姆：打電話 • 瑜珈：取消 – 辦公室星期五不上班 o 布里特的派對
11	12

關鍵概念

快速記錄

運用縮寫符號與記號，
快速記錄你的想法，劃分成註記、
事件與任務等類別，
並排定優先順序。

— 註記
o 事件
• 任務
✘ 已完成的任務
〉 已轉移的任務
〈 已排定的任務
• 無關的任務

群組

子彈筆記的模組化組成，
可用來整合相關的內容。
四大核心群組為索引、未來誌、
月誌和日誌，你也可以建立任何
你想要記錄的群組。

索引	未來誌
月誌	日誌

轉移

重新檢視子彈筆記內容，
將無意義的內容移出。
每個月移出一次。

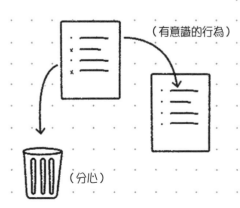

（有意識的行為）

（分心）

快速記錄

RAPID LOGGING

　　快問快答──最後一次有人跟你說一件有意義的事情是什麼？好吧，我們換另一個比較容易回答的問題類型：前天的午餐你吃什麼？別放在心上，你並不孤單。對大部分的人來說，記憶都不可靠。

　　我們的人生經歷，不論酸甜苦辣，都是寶貴的教訓。將這些教訓寫下來，肯定這些經歷，並仔細研究它們帶給我們的啟發，這就是成長。就如俗語所說，無法從經驗中學習，必定會重蹈覆轍。

　　寫日記是很有效的方法，有助於自我學習。但是，傳統日記的問題在於結構鬆散，時間密集。快速記錄則是發揮日記的優點，然後刪除不必要的部分。快速記錄是子彈筆記的書寫語法。簡而言之，快速記錄可以幫助我們抓住並組織化生活中的靈感與想法。

快速記錄可以幫你更有效地
在事情發生的當下即時快拍，展開研究。

　　接下來你會看到視覺化範例，顯示傳統日記的內容擷取方法以及用快速記錄擷取相同內容時，兩者之間有何差異。稍後我們會詳細說明這些記號和結構，但是從這個範例中你可以輕易看出快速記錄的特點：扼要、明確。這種簡化的記錄思考方法能大幅節省時間，很適合現代人忙碌的生活。

　　正如同子彈筆記專家瑞・契夏爾（Ray Cheshire）所描述的：「我是一位科學老師，在英國某個大型內城的高中任教。我們總是想要塞進更多的工作，所以常常是行程滿檔。這時快速記錄就能發揮功效。例如，我們臨時被通知要進行學校評鑑，還好有子彈筆記，我很快就知道在督學抵達之前，我必須要做哪些事情。」

　　不論在家、在學校或是在公司，快速記錄都能幫助

你，在面對每天令人頭暈目眩的繁雜工作之際，仍能即時
掌控全局。

傳統日記

☒ 回電給凱斯，想想這週末我們要去哪裡吃飯。

☐ 再寄一封電子郵件給希瑟，內容是關於要寄給專案成員的艾克米公司授權書。必須將授權書寄給專案成員，請他們簽名，我們才能完成後續的流程。

☐ 艾克米公司的使用者經驗簡報日期為二月十二日

☐ ~~寄電子郵件給莉亞，討論她要在四月二十一日舉辦的派對~~

辦公室十三日不上班

很意外也很高興，瑪格麗特有把她的回饋意見放在心上。她自願協助管理專案的資產，而且更加融入整個團隊。她的工作表現也有明顯進步。

☐ 打電話取消瑜伽入門課

☐ 幫金訂生日蛋糕，下星期四要。不能含有麩質，因為她對麩質過敏。

☐ 艾克米公司的專案需要排定更多時間

今天早上來公司的路上，百老匯被封，我必須繞路。半路上看到一家新開的咖啡館，一定要去嚐嚐。路上的風景優美多了。我搖下車窗，想好好享受這段路程。每天早上我都急著趕上班，完全忘記這條路。上班時間到了，雖然有點遲到，但心情很愉快。

☐ 規劃旅遊行程

---

375 個字

快速記錄

四月一日　星期四

- 凱斯：打電話：星期六晚餐
* - 艾克米公司：授權書
  - 希瑟：email，要授權書檔案
  > 寄授權書給專案成員
  < 取得簽名
- — 艾克米公司：使用者經驗簡報，二月十二日
- ~~莉亞：回覆四月二十一日的派對~~
- — 辦公室四月十三日不上班
- o 瑪格麗特：自願幫忙管理資產
  - — 更有動力、更融入
  - — 參與更多

四月二日　星期五

- ✘ 取消瑜伽
- 金：訂生日蛋糕
  - — 麩質過敏：不能有麩質
  - — 派對，星期四
* - 艾克米公司：排時間
  - o 百老匯被封，要繞路
  - — 發現新的咖啡館
  - — 愉快的開車路程
  - — 到公司時更放鬆
- 規劃旅遊行程

---

195 個字
（減少一半！）

主題與頁碼

TOPICS AND PAGINATION

快速記錄的第一個步驟就是設定你要記錄的內容架構。首先你要為頁面的主題命名。可以是非常簡單的「購物清單」。但設定主題——就和子彈筆記多數元素一樣——不只是表面上看來這麼簡單。主題有三大功能：

一、辨識與描述內容
二、幫助你釐清目的
三、設定內容的議程

有多少次你坐在會議室裡，卻發現沒有明確的議程，甚至沒有任何議程？這樣的會議通常不會有什麼具體成

果。在開始之前先暫停一下，設定好議程，可以幫助你專注、排定優先順序，更有效率地運用時間。

　　為你的頁面設定主題，就是讓你有機會暫停。在這個頁面，你要記錄什麼？目標是什麼？它能為你的生活創造什麼樣的價值？這些考量看起來或許有些微不足道，但是我有過太多次經驗，坐下來開始記錄新的清單，結果發現這份清單根本不會為我的生活增添價值。記錄我今年看過的電視節目，會創造任何實質價值嗎？不會。我可以把時間留給其他更有意義的事。其他時候，暫停可以幫助我重新定義目的，讓我的子彈筆記內容更聚焦、更實用。設定主題，暫停一下、好好思考，我們就能練習專注在真正重要的事情上。

> 要開始有意識的生活，
> 只需先暫停一下下。

　　最後，好的主題會讓你的子彈筆記成為更實用的資料庫。說不定你需要重新翻閱過去的筆記，找到特定的主題？「十月十三日，會議四筆記」，這樣的主題描述不清不楚；但如果是「十月十三日，星期四（月／日／星期）／艾克米公司（客戶名稱）／網站重新上線（專案名稱）／使用者回饋（會議優先順序）」就實用多了。

一旦設定好主題，寫在頁面最上方。現在你已經打好地基，但是建築物需要地址。子彈筆記的地址就是頁碼，所以每一頁筆記一定要加上頁碼。當我們要製作索引（第125頁）時，頁碼就變得非常重要。注意：索引可以幫助你快速找到你要的內容。

唯一不需要設定描述內容的主題，就是日誌（第111頁）。日誌記錄了我們所有的想法，包羅萬象，因此可以日期作為日誌的主題，格式如下：月／日／星期。翻閱筆記時，就可以快速找到需要的內容。

解釋起來有些複雜，但做起來很簡單。只要在開始記錄之前，花幾秒鐘想一下。現在你的頁面已經設定好主題，也加上頁碼，一切準備就緒，可以開始記錄了。

四月一日　星期四

- 凱斯：打電話：星期六晚餐
- 艾克米公司：授權書
  - 希瑟：email，要授權書檔案
  - 寄授權書給專案成員
  - 取得簽名
- 艾克米公司：使用者經驗簡報，二月十二日
- ~~莉亞：回覆四月三十一日的派對~~
- 辦公室四月十三日不上班
- 瑪格麗特：自願幫忙管理資產
  - 更有動力、更融入
  - 參與更多

四月二日　星期五

- 取消瑜伽
- 金：訂生日蛋糕
  - 麩質過敏：不能有麩質
  - 派對，星期四
- 艾克米公司：排時間
- 百老匯被封，要繞路
  - 發現新的咖啡館
  - 愉快的開車路程
  - 到公司時更放鬆
- 規劃旅遊行程

別忘了加上頁碼！

列 點

BULLETS

　　如果說「快速記錄」是撰寫子彈筆記時使用的語言（language），那麼「列點」就是它的句法（syntax）。設定好主題和頁碼後，記錄想法時就必須使用簡短、不帶情感的句子，也就是所謂的「列點」。每個列點前面都有一個特定的記號，標明類別。使用列點式句法，不僅節省時間，更重要的是為了要將資訊轉化成簡短句，讓我們練習只摘要最重要的部分。

　　要製作有效的列點式筆記，必須兼顧簡潔與明確。如果句子太短，過一段時間之後我們就認不出是什麼內容。如果太長，就變成寫流水帳。舉例來說，「盡快回電」的

句子就太短。要回電給誰？什麼時候回電？回電時要說什麼？在每天忙碌的行程中，你很容易就忘記這些資訊。相反地，「盡快回電給約翰，他要知道你什麼時候可以整理好六月的銷售數字，向他報告」，這樣的寫法訊息太多，文字太過雜亂。我們再試試其他的寫法：「打電話給約翰：六月銷售數字」。你只用了四分之一的文字量，就完整表達相同的內容。稍後我會告訴你如何使用標記符號（signifier）（第103頁），將任務轉化為優先事項。

讓句子保持簡短，同時又不失原意，這需要練習，時間久了，你就能快速辨識哪些內容值得記錄。這點非常重要，我們的生活繁忙複雜，有太多資訊要記錄。如果你以前有記錄清單，你一定知道，很快一切就會失控，因為清單缺乏脈絡，也沒有設定優先順序。因此，快速記錄時只需要做到幾件事，就可以解決這個難題。首先將所有清單分類：

一、你必須做的事情（任務）
二、你的經驗（事件）
三、你不希望忘記的資訊（註記）

每個類別都要標記特定的記號，如此一來這些條列清單便具備了更多層次的背景資訊以及功用。記號可以幫助你快速記錄，並即時將你的想法脈絡化。一段時間之後，當你翻閱筆記時便能輕易找到需要的內容。接下來我們就分別說明每個類別，以及如何運用這種方法讓你的筆記精簡實用。

任 務

TASKS

　　任務列點的功能非常強大。不妨把它想成檢查方格。
（舊版子彈筆記使用檢查方格，但列點比檢查方格更有效
率：後者需要花時間描繪，而且看起來凌亂，不易辨別。）
圓點記號「‧」不僅快速、整齊、彈性，而且可以轉換成
其他形狀，這點很重要，因為任務會有五種不同狀態：

- **任務**
  必須採取行動的工作項目

✘ **已完成的任務**
  已完成的行動

❯ **已轉移的任務**

任務已經移至（所以是向右箭頭）下個月的月誌（第
115 頁），或移至特定的「群組」（第 109 頁）。

❮ **已排定的任務**

任務已被排定日期，但不在這個月，因此被移回
（所以是向左箭頭）筆記前面的未來誌（第 121 頁）

~~• 不重要的任務~~

有時候先前記錄的任務，後來變得不再重要。他們
已不具任何意義，或是環境改變了。如果這項任務
不再重要，就不需要你的關注。把它從任務清單中
剔除，這樣你就少了一件需要擔心的事情。

次要任務和主要任務

有些任務需要好幾個步驟才能完成。附屬任務 —— 次
要任務 —— 就可以直接條列在主要任務之下。直到所有的
次要任務完成之後，才可將主要任務標記為已完成，或是
標記為不重要的任務。

小訣竅：當你注意到某個主要任務衍生出愈來愈多次要任
務，就表示這項主要任務已經發展成為一項專案，你可以
將這個主要任務連同次要任務，轉成獨立的「群組」（第

109 頁）。例如，規劃旅遊行程通常很複雜，你的任務從研究旅遊地點到安排交通到採購補給品——每項任務都會有許多次要任務（訂飯店、查詢機票價格和租車）。如果發現某項任務發展成為一項專案，但是當下你沒有時間建立新的「群組」，這時只需要新增一項任務，提醒自己稍後設定：「‧建立夏威夷假期群組」。後面的範例完整說明了任務列點如何能成為你的心理支柱。

記錄任務有兩大目的。第一，記下任務，可以幫助你記得待完成的事，即使筆記本沒在手邊也是，部分原因是所謂的「蔡格尼效應」（Zeigarnik Effect）。俄國精神病醫師與心理學家布爾瑪‧沃夫娜‧蔡格尼（Bluma Wulfovna Zeigarnik）觀察到，在她住家附近的餐廳服務生在點餐時，即使再複雜的需求都能記得清清楚楚，但是送完所有餐點之後卻又忘得一乾二淨。任務未完成所產生的心理焦慮，會一直佔據心頭。第二，記錄任務的內容以及狀態，就等於自動建立一份行動資料庫。在「反思」階段（第 161 頁），將會成為非常寶貴的資料。

四月一日　星期四

- ✘　凱斯：打電話：星期六晚餐
- ●　艾克米公司：授權書
    - ●　希瑟：email，要授權書檔案
    - ＞　寄授權書給專案成員
    - ＜　取得簽名
- ─　艾克米公司：使用者經驗簡報，二月十二日
- ●　~~莉亞：回覆四月二十一日的派對~~
- ─　辦公室四月十三日不上班
- ○　瑪格麗特：自願幫忙管理資產
    - ─　更有動力、更融入
    - ─　參與更多

四月二日　星期五

- ✘　取消瑜伽
- ●　金：訂生日蛋糕
    - ─　麩質過敏：不能有麩質
    - ─　派對，星期四
- ●　艾克米公司：排時間
- ○　百老匯被封，要繞路
    - ─　發現新的咖啡館
    - ─　愉快的開車路程
    - ─　到公司時更放鬆
- ●　規劃旅遊行程

事 件

EVENTS

　　事件——前面加上「 ⊙ 」的記號——指的是與經驗有關的事項，你可以事先排定好（例如「查理的生日派對」）或是等到發生時再記錄（例如「簽訂租約，耶！」）。

　　每項事件，不論是多麼私密或是讓你情感受傷，都應該盡可能保持客觀與簡短。「電影夜」和「他把我甩了」這樣的寫法都不適合。事件列點的目的不在於顯示一段經歷的複雜度，而是以簡短、客觀的資料列點方式，精準擷取以及摘要記錄最複雜的情況。因此，較好的做法就是寫下來。這就是最重要的部分：留存紀錄。

　　如果是痛苦的事件，要描述當下的感受，不是一件容易的事。快樂的事件也會引發複雜的情緒——從感激到狂喜，甚至因為你心愛的人不在身邊，無法和他一起分享而落淚。不論是什麼樣的情況，都會讓你分心。事件列點讓你可以快速記錄一段經歷，然後將它從你的心中卸除，好讓你有多餘的心思專注在其他優先事項上。這些事件安全地留存在筆記中，等到你有更多時間、有清楚的觀點、或是具備必要的能力處理你的情緒問題時，再重新檢視。

　　舉例來說，子彈筆記達人麥可（Michael S.）曾被一位女性深深吸引。認識幾個月便正式交往，兩人感情穩定，未來一片看好。有一天，她請他外出吃飯。一坐下來麥可就感到有些不對勁，於是他問她，發生了什麼事。她告訴他，她再也不想看到他。他毫無防備，追問為什麼。她說不知道，但分手吧。

　　麥可陷入痛苦的深淵，曾經被他視為極其珍貴且特別的某個東西，如今永遠消逝了。幾星期之後，他打開子彈筆記，一頁頁地翻閱，上面記錄了他們交往歷程的點點滴滴。他驚訝地發現，在短暫的交往期間，事情並非他記憶裡以為的那般美好。所有筆記內容在在顯示對方其實態度冷漠，從未好好待他。這些全是麥可自己親筆寫下的內容，記錄了真實的情況，帶給了他能夠放下、繼續往前的觀點。

四月一日　星期四

- ✘　凱斯：打電話：星期六晚餐
- •　艾克米公司：授權書
  - •　希瑟：email，要授權書檔案
  - ❯　寄授權書給專案成員
  - ❮　取得簽名
- －　艾克米公司：使用者經驗簡報，二月十二日
- ~~•　莉亞：回覆四月二十一日的派對~~
- －　辦公室四月十三日不上班
- ⚬　瑪格麗特：自願幫忙管理資產
  - －　更有動力、更融入
  - －　參與更多

四月二日　星期五

- ✘　取消瑜伽
- •　金：訂生日蛋糕
  - －　麩質過敏：不能有麩質
  - －　派對，星期四
- •　艾克米公司：排時間
- ⚬　百老匯被封，要繞路
  - －　發現新的咖啡館
  - －　愉快的開車路程
  - －　到公司時更放鬆
- •　規劃旅遊行程

　　子彈筆記在這看清事實的重要時刻，提供了有意義的洞察，否則麥可不會真正醒悟。這只是一個案例，讓你明白客觀記錄生活經驗是非常有用的工具，可以協助你度過生命難關。子彈筆記不僅能記下人生的不幸和愁苦，同時也能激發正向思考。或許到了年末，我們發現許多條列的任務並未真的發生——也許夏威夷之旅未能成行，或是沒有得到我們希望的升遷機會，或是我們以為找房的進度能有所進展。我們天生就傾向於負面思考。翻閱子彈筆記可幫助我們修正自己的觀點：過去一年還有不少的慶祝活動，完成一些專案，達到減重目標，繳清醫療保單，小孩和寵物表現出可愛的舉動，與朋友、小孩、伴侶談心等等。

　　我們的記憶一點也不可靠。我們常欺騙自己去相信我們對過往經歷的認知，但這些認知不僅帶有偏見，而且與事實不符。研究顯示，我們記憶中對於某段經驗的感受，與這段經驗帶給我們的真正感受之間，存在有極大的落差。原本是一件歡樂的事情，但我們的記憶卻是負面的；原本是不快樂的一件事，我們的記憶卻是正面的。哈佛心理學家丹·吉伯特（Dan Gilbert）認為，人們的記憶更像是一幅繪畫，而非一張照片，我們的記憶會因為主觀的詮釋而遭到扭曲。[20]

　　準確記錄事件實際發生的情況很重要，因為我們常常需要依據過往的經驗做決策。如果我們完全依賴記憶，就會重複過去的錯誤，誤以為某件事能產生效用，但事實上

並非如此。無論是好事壞事、大事小事，全都記下來。這些事件如同是你人生不同片刻的一張張快照。日積月累便能成為一幅記錄精確的人生路徑圖。

小訣竅：我建議事件發生後盡快記錄，因為這時候對於相關細節仍記憶猶新，而且準確。每日反思（第 161 頁）的做法非常有用。

小訣竅：如果事件必須排定確切的時間，但並不會發生在本月，可以加到未來誌（第 121 頁），例如生日、會議和晚餐。

小訣竅：至於喜歡寫作、寫長文或是表達性日記（第 322 頁）的人，如果某段經歷含有某些重要或有趣的細節，你希望記錄下來作為日後參考，那麼可以在每項事件之下條列註記（第 323 頁）。同樣保持精簡。

- 與珊珊在艾爾帕斯多餐廳約會
  - 他晚了十五分鐘到。沒傳訊息。沒道歉。
  - 還開玩笑說，我居然特地盛裝打扮
  - 他點了很多，卻沒吃多少。沒有要付錢的意思。
  - 酪梨醬超好吃。

註 記

NOTES

　　註記的記號是橫線「－」。註記包括事實、新點子、想法、和觀察。是那些當下或許不需要採取行動，但你希望先記錄下來的事。這些註記在會議、演講或課堂上很有用……我們都理解註記的定義，所以不在此贅言。我想說明的是註記在子彈筆記中可發揮的效益以及可做的變化。

　　註記必須簡短，所以一定要抓出最關鍵的資訊。在會議或演講時，你擷取的資訊愈多，代表你愈沒有在思考會議或演講的內容。注意力幾乎都在機械式記錄內容。

　　如果你必須有策略、而且精簡地選擇用字，就不得不

把注意力投注在此。藉由問自己：哪些是重要的？為什麼？
你不再是只是被動聽講，而是主動傾聽。當我們開始傾
聽，才能將資訊轉化為理解。子彈筆記的核心原則之一，
就是專注傾聽周遭的世界以及自己的內心，唯有如此才有
理解的可能。第三篇我們會再深入探討。

花時間消化

　　不要在會議、課堂或演講一結束時，就馬上離開。所
有資訊都是有脈絡的。當你接觸新資訊的同時，故事會逐
步顯現。唯有等到最後，才能看到全貌。當事件結束時，
空出幾分鐘的時間，好好加以利用。先暫時坐一會，花時
間回想剛剛聽到的內容。腦海浮現什麼，就先記下來。當
你更有能力將資訊脈絡化，而且以整體觀點進行思考時，
便能得到新的啟發。退後一步，重新檢視你的註記，如果
又有新的資訊浮現腦海，立即寫下來。這是個大好機會，
能幫助你彌補理解上的落差，看出還有哪些不足。列出問
題可以讓你在未來的互動更精準、更有生產力。好奇心也
是動力來源之一，激發你更主動積極地理解狀況。如果你
真的想知道某件事，你就會努力找到答案。

四月一日　星期四

- ✘ 凱斯：打電話：星期六晚餐
- • 艾克米公司：授權書
  - • 希瑟：email，要授權書檔案
  - ❯ 寄授權書給專案成員
  - ❮ 取得簽名
- − 艾克米公司：使用者經驗簡報，二月十二日
- ~~• 莉亞：回覆四月三十一日的派對~~
- − 辦公室四月十三日不上班
- ○ 瑪格麗特：自願幫忙管理資產
  - − 更有動力、更融入
  - − 參與更多

四月二日　星期五

- ✘ 取消瑜伽
- • 金：訂生日蛋糕
  - − 麩質過敏：不能有麩質
  - − 派對，星期四
- • 艾克米公司：排時間
- ○ 百老匯被封，要繞路
  - − 發現新的咖啡館
  - − 愉快的開車路程
  - − 到公司時更放鬆
- • 規劃旅遊行程

讓未來的你仍看得懂註記內容

如果可能，註記的內容必須與你有關聯或是與你感興趣的資訊結合。我們用以下的範例告訴你如何運用。

原始資訊：「某些動物種類會有特別的群體數量詞。例如，一群紅鸛被稱為華麗紅鸛（a flamboyance of flamingos），一群烏鴉被稱為殺手烏鴉（a murder of crows）。……一群哈巴狗被取名為牢騷哈巴狗（a grumble of pugs）。」

無效的註記：某些動物種類有群體的名字。

有效的註記：哈巴狗被稱為牢騷哈巴狗！殺手烏鴉！

雖然第一個註記很簡短，但是過了幾星期之後再重讀，你可能會有些困惑，以為這個註記指的是「哺乳動物」、「爬行動物」、「兔類動物」的名稱。另外，第二個註記則是將資訊與你所關注的事物結合（這裡指的是哈巴狗；如果你不愛哈巴狗——你這沒良心的——那麼烏鴉可能更好），可以幫助你推斷更多資訊。如果一群哈巴狗和烏鴉擁有特別的群體稱呼，那麼就可以合理推論，其他動物種類也會有。簡短但明確的註記可以刺激你對於某個主題的記憶。你甚至因此建立新的任務，希望找出更多資訊。

　　要總結這些小訣竅，簡單的方法是：想想未來的你。如果一個星期、一個月、或一年後你認不出註記的內容，那麼這個註記就沒有任何用處。為未來的你著想，不要為了簡潔而犧牲了明確。這樣才能讓你的子彈筆記在多年之後依然有價值。

標記符號和
客製化列點

SIGNIFIERS AND
CUSTOM BULLETS

———————————————

任務、事件和註記,已經涵蓋大部分的情況。不過,每個人的需求都不同。這正是子彈筆記的核心原則。因此,熟悉基本概念之後,我們鼓勵你客製化這套系統。現在我們就開始進入客製化世界,我們會在第四篇詳細解說步驟。現在我先說明如何運用標記符號和客製化列點,依據你的需求微調子彈筆記。

標記符號

快速記錄能提升清單的功能性,其中一種方法就是透

過標記符號。運用符號凸顯特定的項目，並提供相關背景資訊。這些記號放在每項列點的最前方，以便和其他項目做出區隔，方便你更快速搜尋到（第 105 頁）。以下是我認為相當實用的標記符號範例：

優先事項：用星號「 ✳ 」表示。代表這個項目很重要，通常會與任務的符號並列。不過要盡量少用。如果每件事都是優先事項，就等於沒有一件事是優先事項。

靈感：用驚嘆號「！」表示。通常會與註記的符號並列。好點子、個人名言、天才的洞見等等都可以加上驚嘆號，從此再也不會被遺忘。

四月一日　星期四

- **✗**　凱斯：打電話：星期六晚餐
- **✱** •　艾克米公司：授權書
  - •　希瑟：email，要授權書檔案
  - **❯**　寄授權書給專案成員
  - **❮**　取得簽名
  - ─　艾克米公司：使用者經驗簡報，二月十二日
  - ~~•　莉亞：回覆四月三十一日的派對~~
  - ─　辦公室四月十三日不上班
  - **o**　瑪格麗特：自願幫忙管理資產
    - ─　更有動力、更融入
    - ─　參與更多

四月二日　星期五

- **✗**　取消瑜伽
- •　金：訂生日蛋糕
  - ─　麩質過敏：不能有麩質
  - ─　派對，星期四
- **✱** •　艾克米公司：排時間
  - **o**　百老匯被封，要繞路
    - ─　發現新的咖啡館
    - ─　愉快的開車路程
    - ─　到公司時更放鬆
- **!** •　規劃旅遊行程

客製化列點

客製化列點可以幫助你快速掌握哪些事項屬於特殊情況。例如,如果你將許多任務授權給其他人負責執行,就可以在任務列點的前面增加右斜線符號「／」做為標記,代表你已指派給其他人去做。

／簡報。@ 凱文更新數字

凱文更新完所有數字之後,就可以將「／」改為「×」,代表任務結束。

如果某些任務會重複發生,例如「足球練習」,這時就可用客製化列點。足球練習或許可以用「H」做為符號(因為看起來像是射門得分)。你可以在月誌(第 115 頁)的日曆頁加上這項任務,就可以快速知道什麼時候要練習。如果有助於你的記憶,可以盡量使用字母、而非抽象圖案作為標記符號。

小訣竅:客製化列點和標記符號的數量要減至最低。快速記錄的目的,就是盡可能移除會拖慢你掌握資訊的障礙。當你設定愈多這類符號,就會愈複雜,速度就會變慢。

快速記錄摘要

我們已經走完快速記錄的所有步驟,可以快速有效擷取和篩選你的想法,然後再將這些想法劃分為任務、事件和註記。你必須為這些想法設定主題和目的,並加上頁碼,以便日後查詢。

快速記錄是為了幫助你掌控日常工作。將你在忙碌的一天當中所遇到和想到的資訊從心裡轉移到紙上,重新將所有想法分類,並排定優先順序。

群 組

COLLECTIONS

bulletjournalcollection
子彈筆記群組

　　不論你希望多麼有組織，生活的本質就是混亂，而且不可預測。子彈筆記系統的目的是要擁抱混亂，而不是抵抗混亂。我採用模組化方式，取代傳統計劃表的線性結構。

　　就好比樂高積木，子彈筆記包含了許多模組化區塊。每一個模組就是組織與蒐集相關資訊的範本；這是為什麼我們將這些模組化區塊稱之為「群組」。群組可以相互交換、重複使用、而且客製化設計。也許上個月你建立了一份購物清單、規劃了一趟旅行、準備一份簡報。但是這個月你需要設定生理期追蹤、籌備一場派對、規劃飲食。不論你需要組織哪些資訊，都可以使用「群組」。如果找不到

適合的，你可以自己設計（第四篇會有更多說明）。

　　群組——就好比是你的藏書架——的組成完全由你決定，而且可以隨著時間調整。如此一來你的子彈筆記就非常有彈性，適用於不同的使用者。這也是為什麼你在網路上看到的子彈筆記都不盡相同。每種子彈筆記都反映了使用者當下的特殊需求。

　　接下來的章節，我們將說明四大核心群組：日誌、月誌、未來誌，以及統整所有單元的索引，這些就是你的筆記本基本結構。接下來的章節，我們會深入討論每個核心組成，說明他們彼此之間的關聯，以及如何幫助你有條理地處理混亂。

日　誌

THE DAILY LOG

#bulletjournaldailylog

子彈筆記日誌

　　日誌是子彈筆記的主幹。它的簡單設計是為了幫助你即時記錄當天的大量資訊。當你工作應接不暇時，日誌可以幫助你有效輕鬆地組織想法，專注於手邊的事物。

　　日誌的設定很簡單，寫上日期和頁碼即可。就這樣！設定好之後，一旦當天有任何事發生，就可以運用快速記錄（第 75 頁）方法，記錄你的任務、事件和註記。這麼做的目的是為了持續減輕你的心理負擔。當你知道所有事情都安全地記錄在筆記本中，就可以安心應付挑戰。

　　你的日誌不僅只是一串待辦事項清單而已。確實，它

記錄了你必須完成的責任，但也同時記錄了你的生活經驗。你可以在此安心地自由表達內心的想法，不用擔心被評斷，有任何想法浮現腦海，都可記錄在筆記本中。隨著時間的累積，這些想法反映了你的人生狀態軌跡，我們後面進入「反思」（第 161 頁）的階段時會談到，這些都是珍貴的資料。日誌為每一天的生活提供了原本沒有的脈絡，有了脈絡，我們就能更有意識地採取行動。

> 我幾乎嘗試了所有組織化系統。但沒有任何一種方法適用，因為每種方法都必須花費大量的金錢或時間，才能掌握其中的技巧。
>
> 後來，我開始使用子彈筆記，只花了二十五美分買了一本筆記本和一支自動鉛筆。我發現子彈筆記更強調的是目的，而不只是結構。每當有事情發生，我就會在日誌當中加上活動和任務。每天的生活開始變得流暢，子彈筆記幫助我掌控和記錄每一天。
>
> ——凱文

空間

　　我最常被問到的一個問題是，日誌需要多少空間。我的答案是：要看當天的需要，你永遠無法事先知道。有些日誌長達好幾頁，有些連半頁都不到。你不可能知道當天會發生什麼事。當然，你可以設定當天的目標，例如今天

我不要抱怨，這當然很好。但是要記住很重要的一點，不要為今天設定期望，因為這不是你能掌控的。

如果人生是海洋，日常的每一天就是海浪；
有些浪大，有些浪小。
你的子彈筆記就是海岸，
由海洋與海浪交互作用形塑而成。

如果你沒有寫滿一頁，就在剩下的空白處填上隔天的日期，然後繼續寫。不需要擔心空間不夠，這也是為什麼我不建議事先設定好幾天份的日誌，只要在前一天晚上設定明天的即可。

開始使用子彈筆記後，你的日誌不再像是過去讓你備感壓力的待辦事項清單，反而比較像是一份根據你的目標而製作的生活記錄、提醒、以及路線圖。

日誌

四月一日　星期四

- ✘　凱斯：打電話：星期六晚餐
- ✱・　艾克米公司：授權書
  - ・　希瑟：email，要授權書檔案
  - ❯　寄授權書給專案成員
  - ❮　取得簽名
- ―　艾克米公司：使用者經驗簡報，二月十二日
- ~~・　莉亞：回覆四月三十一日的派對~~
- ―　辦公室四月十三日不上班
- ○　瑪格麗特：自願幫忙管理資產
  - ―　更有動力、更融入
  - ―　參與更多

四月二日　星期五

- ✘　取消瑜伽
- ・　金：訂生日蛋糕
  - ―　麩質過敏：不能有麩質
  - ―　派對，星期四
- ✱・　艾克米公司：排時間
- ○　百老匯被封，要繞路
  - ―　發現新的咖啡館
  - ―　愉快的開車路程
  - ―　到公司時更放鬆
- ・　規劃旅遊行程

月　誌

THE MONTHLY LOG

\# bulletjournalmonthlylog

子彈筆記月誌

　　這個單元可以幫助你後退一步、深呼吸，再開始進入下一個月。透過月誌，可以俯瞰當月必須完成的事項以及空閒時間。如果說每本子彈筆記是你人生故事全集的其中一冊，那麼月誌就是每一冊的其中一章，記錄了一整年內發生的小規模但重要的里程碑。設定月誌，可以讓我定期檢視自己，維持／重新找回脈絡、動力和專注力。

　　我們可以在空白跨頁設定你的月誌的左頁是日曆，右頁是任務頁。這個專題的主題名稱就是月份，跨頁的左右兩頁都要寫上（第 118-119 頁）。

日曆頁

在日曆頁的左側，列出當月的日期，日期旁邊註明是星期幾（第 118 頁）。記得最左側要留些空白，以便需要時可加上標記符號。標記符號可以幫助你快速瀏覽日曆頁，找出特別值得注意的事項。

你可以把它當成傳統的日曆，事先寫上事件和任務。但是，沒有事情是一成不變的，所以我比較傾向事件發生之後再記錄。這樣就可以快速看出當月發生了什麼事以及何時發生。

未來的你必定會感謝自己建立了這個時間軸，提供了明確的資訊與必要的脈絡 —— 清楚地顯示你每個月在忙哪些事情，並精準記錄實際發生哪些事。

小訣竅：記得記錄的內容盡可能簡短，月誌的目的是作為參考之用。

小訣竅：為了看得更清楚，你可以在不同的星期之間畫線做出區隔。

任務頁（心理盤點清單）

月誌的任務頁可視為心理盤點頁的延續。每個月結束時，可以將所有你希望在下個月完成的任務寫在這一頁。給自己足夠的時間，列出所有盤旋在你心頭的行動計畫。這個月有哪些重要的事情？優先事項是哪些？

列出自己的想法之後，再回頭檢視上個月的紀錄，看看有哪些任務還未完成。可以將重要的任務移至月誌的任務頁。我們稍後會在「轉移」的章節（第 135 頁）詳細說明流程，現在你只需要知道，這麼做可以避免筆記的過程中遺漏任何一項任務。在事情真正完成或變得不重要之前，我們必須重複把它們記錄下來。

（日曆頁）

<u>二月</u>

1	一	發電子報。172.5 磅－少了 5 磅！
2	二	
3	三	與麥可晚餐 @ 法蘿餐廳
4	四	
5	五	貝卡歡送晚宴 @ 華特斯餐廳
6	六	塔拉布拉琪講座 @ 歐米茄
7	日	
8	一	
9	二	已寄出報稅單
10	三	
11	四	艾克米公司簽約
12	五	
13	六	
✻ 14	日	化學手遊公司簡報。一切順利！
15	一	
16	二	珍娜生日晚餐 @ 一蘭拉麵
17	三	
18	四	暖器故障。沒拿下瑞德羅姆的案子 :(
19	五	
20	六	
21	日	
22	一	暖氣恢復正常
✻ 23	二	櫻花網站上線！
24	三	
25	四	
✻ 26	五	
27	六	
28	日	

（任務頁）

二月

- 史蒂芬：乾冰送達
- 取消瑜伽入門課
- 預訂金的生日蛋糕
- 排定時間
- 申報開支
- 把度假照片寄給琳達
- 繳房租
- 打給奶奶
- 送乾洗
- 預約看診
- 買薇薇安的婚禮要穿的洋裝
- 準備薇薇安的婚禮歌單

未來誌

THE FUTURE LOG

\# bulletjournalfuturelog

子彈筆記未來誌

　　子彈筆記主要是根據你當下的需求彈性開展，因此你可能會好奇，要如何用這套系統規劃未來。這時，就可以建立「未來誌」群組。未來誌的事件有明確的日期，但並非發生在當下的月份。所以如果現在是九月，你有一項專案的截止日期是十二月十五日，這時候就可以把它「咻──」放進未來誌裡。

　　未來誌的位置在筆記的前面，緊接索引頁之後（第 125 頁）。通常會使用到一至二跨頁，有很多種設計方式。我在後面以精簡的三個月規畫做示範（第 124 頁）。

接下來要怎麼做？當天發生的事情，依舊寫在日誌中
（第 111 頁），即便是未來才要完成的任務也沒關係。再強
調一次，日誌的目的是避免我們浪費時間去想到底該把事
情寫在哪。它就是當日活動的總覽，先把我們所有的想法
記錄下來，等到有時間再進行篩選。當時間到了——例如
每日反思（第 161 頁）——這時可以將已經有確定日期的
未來事項從日誌移至未來誌。完成之後，一定要在原本列
在日誌上的該則工作事項之前加上「<」的記號，代表你已
經將這個工作事項移至他處，可以暫時不用擔心。

你可以將未來誌視為排隊的隊伍，每個工作事項都迫
不及待地等著被完成的那個月的到來。設定月誌時（第 115

未來誌的循環

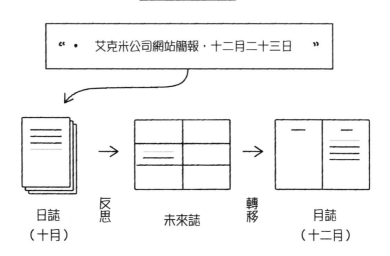

頁），記得事先瀏覽未來誌裡是否有任何必須在這個月完成的工作事項。如果有，便將這些工作事項轉移（第 135 頁）至月誌的任務頁，然後記得在未來誌上的該則工作事項之前標記「已轉移」。

當你漸漸上手之後，就能清楚意識到未來有哪些工作必須完成。未來誌就像是一部心理時間機器（mental time machine），讓你的生活全貌一目了然，幫助你看清自己是否朝著正確的方向前進。

未來誌

十月

- ○ 6～7 設計研討會：紐約
- ● 16 瑪雅：晚餐

十一月

- ● 3 詹姆斯公司：文件資料完成
- ● 14 線上申請
- ○ 9～11 聖地牙哥出差

十二月

- ○ 11 喬納森生日
- ✳ ● 15 耶茶：網站簡報

索 引

THE INDEX

bulletjournalindex
子彈筆記索引

以前我有寫工作日誌的習慣，記錄電話會談的內容、會議筆記以及其他相關的工作細節，全都依照時間順序記錄下來。我有好幾份待辦工作清單，便利貼到處都是，辦公桌上放著一本日曆，手機裡還有電子日曆。

如果要從工作日誌中尋找需要的筆記內容，首先我必須從日曆中找到會議或是電話聯絡的日期──或是猜測大約是在何時發生的。然後再翻閱我的工作日誌，找到那一天的日誌。

子彈筆記系統有效地改進了我的時間序列系統筆記法。

> 我只要翻到索引頁，上面有標記我需要的筆記的頁碼，
> 我只要翻到那一頁就行了。

—— 雪瑞兒‧布里吉斯（Cheryl S. Bridges）

你的子彈筆記可以容納你的各種面向。前一頁可以規劃這一星期的工作行程；下一頁可以是房間擺設的素描或是寫一首詩。沉浸在自己的筆記本世界，是一件美好的事，但是如果找不到需要的筆記內容，就不妙了。現在你可能會很困惑，要如何追蹤剛才提到的這些不同的群組。在子彈筆記系統，我們用索引來解決這個問題。

**索引讓你在寫筆記的數天、數月、數年之後，
仍能輕鬆地找到當初的筆記內容。**

索引結合了目錄以及傳統索引的形式，位置就在筆記本的最前面。你可以將索引看作是存放其他群組的抽屜（除了日誌之外，稍後我會說明原因）。

我建議空出兩個跨頁——總共四頁——的空間作為索引之用（如果你使用的是正式版的子彈筆記本，已經有附索引頁面）。要把群組加入索引之中，只需要寫下群組的主題名稱以及頁碼（第 128 頁）。

　　正如同範例所示，群組的頁碼不需要是連續的。人生
永遠不可預測，我們常常需要改變計畫，專注在新的優先
事項。有了索引，就可以隨心所欲地在不同優先事項之間
轉換。如果你想要重新開始先前的群組，但已經沒有多餘
的空間，只需要翻到下一個空白跨頁，寫上相同的主題名
稱即可。然後再翻回到索引頁，將群組的新頁碼加上去。
讓我們看看後面的範例。

索引

不需要頁碼連貫

次要群組

當你正在進行的專案包含許多變動的部分，那麼每個部分都應該是獨立的次要群組。正如同剛才的範例，「使用者行為專案」包含四個次要群組，每個次要群組分別對應專案的某個部分。

專有索引

有些子彈筆記有非常特定的主題。如果你是學生，你的子彈筆記可能是用來記錄課程。如果你是專案經理，你的子彈筆記可能專門用來追蹤專案的不同面向。如果是上述的情況，你可以採取另一種索引作法：專有索引（dedicated index）。它的功能和一般索引大致相同，唯一的不同點在於，它的每一頁只用於特定的某個主題。

如果你有上科學、英文、數學和歷史課，可以為每一堂課設定索引頁。例如，假設你有一堂課是美國歷史，其中一頁索引的主題就可設定為「美國歷史」。這堂課的內容可設定為主要群組，每次上課提到的不同議題就可設定為次要群組。

美國歷史（索引頁）

革命戰爭（主要群組）

　　萊辛頓戰役：10-14

　　提康德羅加堡戰役：15-20　　　（次要群組）

　　邦克山戰役：21-32

艾克米公司新網站上線

腦力激盪：10-15

網站設計：

網站內容：

專有索引的應用不限於課程。也可以為新公司網站上線這項工作任務設定索引頁。

串連

雖然索引可以幫助你快速找到需要的筆記內容，但是有些人可能會覺得翻來翻去有些麻煩。有一個方法可以解決：串連（threading）。

這是我從軟體工程師、同時也是子彈筆記專家凱瑞・巴奈特（Carey Barnett）身上學到的概念，後來便成為我的筆記方法之一，一直沿用至今（很高興它成為子彈筆記系統的一部分）。串連主要用於程式設計，也就是將某一行程式指向另一行相關的程式。在子彈筆記系統，我們也可以使用相同的概念，將先前或未來的工作指向筆記中其他相關的內容。

假設某個群組（實例一）的資訊寫在筆記本第 10 ～ 15 頁。過了一段時間，你必須將注意力轉移至其他事情。但是原本這幾頁的空間已經寫滿了。後來你想要重新開始記錄先前的群組，於是你在第 51 ～ 52 頁為同一個群組建立新的實例（實例二）。後來你又暫時去做其他的事情，然後在第 160 頁～ 170 頁重新開始記錄相同的群組（實例三）。

為了把這三個實例整合在一起，你只需要在每個實例的原始頁碼旁，加上新實例的頁碼。所以，在實例二的起始頁碼，也就是頁碼 51 的旁邊加上頁碼「10」（指向的是實例一的頁碼：第 10 ～ 15 頁）。在實例二的結束頁碼，也

串連

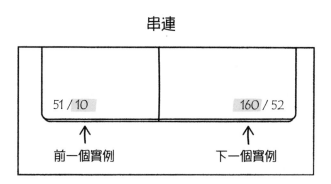

51 / 10　　　　　　　　160 / 52

↑　　　　　　　　　↑
前一個實例　　　　　下一個實例

就是頁碼 52 的旁邊加上頁碼 160，後者指向的是實例三的頁碼（第 160 ～ 170 頁）。這樣一來，不必翻到索引頁，也可以同時參照三個實例。

子彈筆記專家金・艾爾瓦瑞茲更進一步擴大運用這項技巧，整本子彈筆記都使用串連！假設你想要在新的筆記本上繼續之前的某個群組，例如「閱讀清單」。這個群組原本在第二本筆記本的第 34 頁，你可以在新筆記本的「閱讀清單」群組的頁碼旁，寫上「2，34」，其中「2」代表第二本子彈筆記，「34」代表在這個群組在第二本筆記的頁碼。

這種標記法可以讓你輕鬆將筆記本中相關的項目與索引串接在一起。如果你要將前一本筆記的內容加到新的筆記本內，只需要將它加入索引中即可，例如：**閱讀清單：**（2.34），13。

　　隨著時間的累積，你的索引便多了另一種功能：脈絡表（table of context），你可以整體了解自己的時間和精力投入在哪些事上。這裡統整了所有你答應要完成的工作。記住，一旦你點頭答應某些事情，也就代表拒絕了其他事情。點頭就代表要投入工作，要有所犧牲，當你投入時間完成某件事，就表示你沒有多餘時間投入另一件事。

善用索引，幫你專注於值得點頭答應的事情。

轉 移

MIGRATION

「最徒勞無功的情況莫過於
極有效率地完成毫無意義的事情。」
——現代管理學之父彼得・杜拉克（Peter Drucker）

　　許多生產力系統都在教導我們如何建立清單，但是很少有系統會鼓勵我們與這些清單重新建立連結。我們不斷在清單上加上新任務，於是清單永無止境地增加、無法管理，最後反而讓我們感到不堪負荷，失去動力。我們很容易忘記，可以做某件事，不代表就應該要去做這件事。

提高生產力的技巧在於，
做得更少，完成更多。

　　我們應該時時保持警覺，定期檢視我們的承諾，確保我們將時間和精力投入在真正重要的事情上。在子彈筆記系統中，「轉移」可以幫助我們建立這種好習慣。

　　所謂的轉移，指的是將原本寫在子彈筆記中某處的內容，重新寫在另一處。乍看之下似乎有些費工，但這麼做有重要的目的：避免分心。花些時間重新手寫，讓你有機會暫停一下，重新思考每項任務。如果這項任務不值得你花幾秒鐘的時間重寫，就代表它可能沒這麼重要。那就丟掉吧。你真的需要參加某場活動、完成某件工作、提出某份報告嗎？有時或許需要，但很多時候根本沒那個必要。

　　我們總是在日常的滿檔行程中偷渡更多工作。我們很容易就接受任務，卻沒有在當下仔細評估必要性。我們任由毫無意義的工作塞滿我們的行程，持續累積並長時間佔用我們的心理資源。但是當我們重寫這些任務，便有機會重新檢視所有的責任，刪除不必要的責任。簡而言之，「轉移」可以幫助我們脫離人生自駕模式，不再將寶貴時間浪費在對自己無價值的事。

每月轉移

　　轉移主要發生在一個月快結束之前，準備設定新的月誌時（第 115 頁）。例如，在四月的最後幾天，就可以建立

五月的月誌。設定好之後，仔細瀏覽上個月的月誌內容，查看所有任務的狀態，很有可能有些任務還未完成。這很正常。不要有罪惡感，而是以好奇心，問自己這些任務還沒有完成的原因為何。這重要嗎？如果不完成，會怎樣？

如果你發現，某項未完成的任務已變得無關緊要，就直接刪除。現在你又有了多餘的時間，好好享受一下喘口氣的感覺。讚賞自己一番；這是你的勝利！所有的勝利──無論是多麼微不足道──都值得被稱讚。如果某項任務依舊很重要或是能為你的生活創造價值，就將它轉移。有三種不同的轉移方式：

一、在新月誌的任務頁（第 117 頁），重新寫上未完成的任務。在原本的任務之前加上「>」的記號。

二、在客製化群組（第 287 頁）重新寫上未完成的任務。在原本的任務之前加上「>」的記號。

三、如果這項任務已經排定明確的完成日期，但並非發生在當月，就把任務轉移到未來誌（第 121 頁），然後在原來的任務之前加上「<」的記號。

小訣竅：設定新的月誌時，記得先檢查未來誌的內容。是否有任何任務或事件是排定在下個月完成？如果有，就將把它們從未來誌中轉移至新月誌的任務頁或日曆頁。

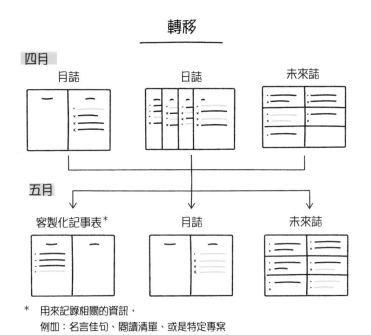

轉移

四月

月誌　　　　　　日誌　　　　　　未來誌

五月

客製化記事表＊　　月誌　　　　　　未來誌

＊　用來記錄相關的資訊，
　　例如：名言佳句、閱讀清單、或是特定專案

小訣竅：如果你是第一次使用子彈筆記，那麼你的第一次月轉移，將會是你靈感迸發的重要時刻。一切會變得清楚明瞭。這是為什麼我鼓勵所有子彈筆記新手，至少試用子彈筆記兩到三個月的時間。

年度／筆記本轉移

　　每年的開始，不論你的筆記本寫到哪，都要啟用新的筆記本。這樣不會浪費嗎？看起來似乎是，但是在對的時間點啟用新的筆記本，可以讓你更有自信與動力。新的一年是啟

用新筆記本的好時機，這有文化上無可避免的階段意義，不論就字面或隱喻而言。它清楚地區隔新與舊、現狀與未來。為什麼不趁這個機會重新開始？它讓我們有藉口卸下那些讓我們焦慮的無用行李，減輕負擔，迎向新的探險旅程。

當筆記本接近用完或是到年末時，重新檢視索引與之前記錄的「群組」。這些群組會明確顯示你的時間和精力投注在哪些事情上。現在你必須做出決定。這些群組（以及未完成的任務）需要持續跟隨你轉移到新的筆記本嗎？

將內容從前一本筆記本轉移至下一本的過程，可幫助你將過去獲得的啟發與教訓，應用至人生的下一個階段。不論規模大小，你只需轉移真正有價值的內容與技能。就只有這些。新的筆記本不只是重新開始，而且是更上一層樓。

轉移筆記本是很好的提醒，讓你有機會面對自己的責任，重新思索他們給了你什麼，又拿走了什麼。仔細檢視你的筆記本，可以清楚看到你的人生故事如何在自己的筆下展開。每本子彈筆記都是你人生故事的一個篇章。它能體現你想要過的生活嗎？如果不能，那麼就善用你學到的啟發，改變下一本筆記的敘事。

小訣竅：週誌（#bulletjournalweeklylog 子彈筆記週誌）：有些子彈筆記使用者喜歡每週而非每月轉移筆記本。以我而言，如果工作太多，才會每週轉移。我也沒有特別熱衷重

寫,除非它有助於我提高生產力。有些人的任務不多,但覺得每週重寫的做法很有用,可以將一星期的任務全部寫在一或兩頁之內。一切視你個人的需求而定。我喜歡週誌愈簡單愈好,所以我重新設計我的日誌範本,把日期設定改成以週為單位,例如六月十四~二十一日。

轉移心理盤點清單

為了讓你更加了解轉移,我們將會利用你先前在筆記中建立的心理盤點清單。開始轉移之前,先檢視你的心理盤點清單。確定你所列出的每件事都值得你投入時間和精力重寫,並藉此篩選出哪些是有意義的、哪些是無意義的任務。

現在就要決定下個月你要完成哪些工作。這些工作將會寫在月誌的任務頁。未來的任務和事件會寫在未來誌裡。相關的事項,例如你想讀的書,則會記錄在各自的客製化群組裡。

不必擔憂每件事都必須做對或是達到完美。每位大師一開始都是從熟練某樣工具開始。現在只是起步階段,只要你持續使用子彈筆記,就會慢慢發展出自己的系統。要對自己有耐心,記住,選擇對自己有用的去做。

一封信

THE LETTER

　　你可能會問自己，為什麼要這麼麻煩做這件事？這問題很有道理。所以在我們說明子彈筆記背後的原理之前，我想先分享來自某位匿名子彈筆記使用者的一封信。信的內容證明，一旦這套系統與你的生活結合，將會發揮多強大的影響力。組織力只是其中一部分，它幫助你刪除不必要的工作責任，讓你意識到什麼才是真正重要的。

這是做父母的最可怕夢魘：你的小孩呼吸困難，你卻站在一旁束手無策。緊急醫療救護員背著大背包、抬著擔架衝進房間，對著身旁的一群人連珠炮似地吐出一連串數字和問題。小孩臉色逐漸發青，眼睛逐漸閉上。他們開始進行心肺復甦術，你只能在一旁看著，每次救護員按壓小孩的胸口，嬌小的身軀便隨之跳動。

事情就發生在我兒子就讀的幼稚園開學前一星期。他的八名同學都有健康和發展問題，嚴重程度從中度到重度不等，這間幼稚園的課程設計目的是幫助他們趕上同齡孩童的學習進度。這些小孩的問題包括腦腫瘤、多重硬化、囊狀纖維化、自閉症、癌症緩解等。突然停止呼吸的小孩在當天稍早雖然表現有些異常，但並沒有發燒或不舒服──事發前五分鐘完全沒有任何症狀，他看起來很開心，在玩具火車遊戲桌前和兒子一起玩耍。

我暫時離開一下，幫另一個小孩找橘色蠟筆，突然之間傳來一陣尖叫聲，教室陷入幾近失控的混亂狀態。大家緊急撥打九一一，緊急醫療救護人員火速趕到。我們這些輪值的父母和老師個個屏住呼吸，為了安全起見，其他的小孩全被安置在隔壁教室。

當天輪值的母親正是那位被急救的小孩母親。她情緒激動，雙手顫抖，緊抓著皮包，不停地在找東西。當救護人員趕到現場時她已是淚流滿面，他們將小孩從她手中

抱走，立即進行急救。但是她仍試圖鎮定地拿出一本看起來有些陳舊的線裝筆記本：我看到時覺得眼熟：是一本橘色軟皮的「燈塔」手帳筆記本（Leuchtturm1917）。彈性繩被下拉至左下角，書背上插著一支筆。那是一本子彈筆記。

她抓著最後幾頁的紙，然後沿著線裝書背撕下，交給一直問她問題的救護人員。她不停搖頭哭著說：「我沒辦法……我沒辦法……」

「我量到脈搏了。」其中一名救護人員宣佈，另一個人則是驚訝地看著那位母親遞過來的筆記紙。我坐在那位母親旁邊，用手環抱著她的肩。今天躺在地上的很有可能就是我的小孩或是教室裡任何一位小孩。

那位母親顫抖地告訴醫護人員筆記紙上寫了些什麼：「他的劑量和用藥、專科醫生、病例號碼、電話號碼、過敏反應。」她吸了一口氣。「癲癇發作紀錄，裡面有記錄他的癲癇發作情形。」她說。我抓緊她的肩膀，給予她支持；我的小孩也有癲癇症。就在他們試圖穩定小孩的病情，趕往醫院之際，她慌張地說出他的生日。

救護人員搖著頭對她說：「謝謝你，這正是我們急救時需要的資訊。我必須帶走這些筆記紙。」他拿起電話，迅速地將重要資訊複述給電話另一頭的人。那位母親則是

跟著兒子上了救護車；我看著救護人員關上後車門，救護車快速駛離，警示燈和警笛大響。

那天晚上，我比平常更用力地抱住我兒子，而且在我自己的筆記本上新開一塊區域，寫下急救資訊、用藥和劑量、發作紀錄、電話號碼、病例號碼以及過敏清單。這個傍晚，我用掉了一整包的衛生紙，然後打給那位母親。「他沒事，」她說，「醫生說救護人員事先交給他的資訊，讓他們可以快速採取行動。他會沒事的。他會好起來的。」她不斷重複說著，語氣哽咽沙啞，但我可以聽到她聲音裡的感謝。

兒子的同學已經回到學校，身上背著小型氧氣筒背包，裡面裝著氧氣筒。他不喜歡背著氧氣筒上學。但是他活著、快樂，身體已無大礙，每個父母對兒女所求的也不過如此。我也注意到，其他父母都開始帶著自己的筆記本，寫下有助於孩子治療的重要資訊。

沒有人希望下一台救護車裡躺著的是自己的小孩，或是自己的年邁母親不小心跌倒、出車禍，我們無法記住讓家人在醫院安全獲得治療所需的所有重要資訊。但是，我們必須誠實地說……我們認識的某個人可能會需要這些資訊。我們都曾在高速公路上經過車禍現場。當我們被問到關於小孩的醫療紀錄時，我們都曾有過短暫的失憶。寫下來，保留資訊。準備好長期投入子彈筆記，在

緊急時刻便可派上用場。你可以救人一命——你自己、
你的小孩、你的姐妹、你的父親……把生活組織化將是
攸關生死的關鍵。

設定子彈筆記

一、設定索引 *

- 標註頁碼：1-4
- 每頁的主題寫上「索引」
- 真正有內容的群組才要寫在索引內，不能有空的群組

索引	索引
未來誌：5-8 一月：9- 目標：13-16	
1	2

二、設定未來誌 *

- 標註頁碼：5-8
- 將跨頁分成六大格
- 每一格分別寫上未來六個月的月份
- 寫上未來的任務和事件
- 將未來誌加到索引頁

未來誌	未來誌
二月 ════	五月
三月 ════	六月 ──
四月 ──	七月
5	6

三、設定月誌

- 標註頁碼 9-10
- 主題寫上當月的月份
- 列出日期以及當月的任務
- 在索引的月誌旁加上頁碼 9-

一月	一月
1M 2T 3W 4T 5F 6S 7S	• 捐贈衣物 • 規劃旅遊 • 備份網站資料 • 看牙醫・托嬰
9	10

四、設定日誌

- 加上頁碼
- 主題寫上今天的日期
- 寫下今天的任務
- 日誌不需要加到索引頁

一月一日・星期一	一月二日・星期二
• 捐贈衣物 ○ 獲得升遷 ✗ 備份網站資料 ─ 珍明天會到鎮上 • 預定托嬰時間	• 提姆：打電話 • 瑜珈：取消 ─ 星期五辦公室不上班 ○ 布里特的派對
11	12

*已包含在正式版的子彈筆記本

146

五、檢視心理盤點清單

- 刪除非必要或不重要的事項
  找出相關的內容，
- 例如：目標、專案、採購清單等，
  然後各自建立獨立的群組。

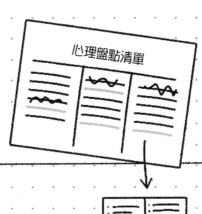

六、轉移心理盤點清單

- 將未來事項轉移至未來誌
- 將事項轉移至月誌
- 排定月誌任務的優先順序
- 將優先事項轉移至日誌
- 將任何額外的任務轉移至客製化群組**

未來誌

月誌

**客製化群組

我們曾在第四篇詳細說明。客製化群組是用來
記錄相關的內容，例如目標、專案或焦點清
單。設定方式一樣（寫上主題和頁碼），要加
到索引頁。

日誌

案例：

目標

雜貨

醫療紀錄

閱讀清單

III

實 作

THE PRACTICE

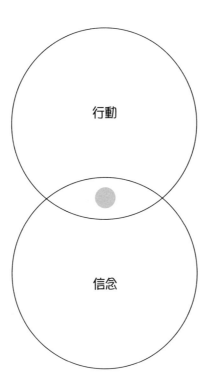

實 作

THE PRACTICE

> 「當你忙著計劃一件事，
> 卻有其他事發生了，這就是人生。」
> ——美國作家與記者艾倫‧桑德士（Allen Saunders）

　　現在你擁有了讓生活更有條理所需的工具。接下來很重要的一步，就是為我們有限的時間和精力負起應有的責任。很多時候，表面上你做事很有組織，實際上卻造成更多的分心。

　　你可以花上好幾個小時建立待辦事項，卻沒有刪除任何任務。你可能分心去打掃房間，不去處理更重要的專案。過去幾天、幾個月、幾年，你雖然用高度組織化的方法工作，卻應用在錯誤的事情上。（如同當年我創辦繪圖照片公司時一樣）。比起我們在做什麼事情以及如何做，為什麼要做，反而是更重要的命題。

忙碌不代表有生產力。

忙碌的狀態就像是從樓梯跌落而下：刺激、反應、刺激、反應。這種慌亂的反應循環綁架了我們的注意力，讓我們沒有多餘時間去發現愛、成長與目標，這些能真正為我們生活創造價值的事情，卻因為繁忙而不被看見。

為了提高生產力，首先必須打破上述的循環。我們必須在正發生的事情以及我們對這些事情的反應之間，設立隔離空間。在這個空間內，我們有機會重新檢視自己的經驗，了解哪些事在我們掌控之中、哪些事是有意義的、哪些事值得我們的注意力以及原因為何。唯有如此，我們才能定義我們是誰，以及我們相信什麼。

了解這些是很重要的一步，但是這些學習還只是想法而已。就如同多數的想法，隨著時間逐漸被淡忘，特別是當這些想法仍停留在抽象階段，並未在你的生活中扮演積極的角色時。即使是最堅定的信仰或是有用的啟發也會逐漸從腦海中消褪，除非能被實際運用。如果你定期實踐自己的信念、測試新的想法，衡量這些想法一旦被執行會對你的生活產生哪些影響，結果會如何？

在第三篇，我們將會說明子彈筆記法如何能成為信念

和行動之間的橋樑。每一章我們會探討源自不同傳統的哲思，教你如何藉由筆記本，將想法化為行動。我們會一步步帶領你，開始過著有意識的生活，有生產力、而且有意義。在我們決定哪些事情要去做的同時，必須想清楚為何要去做。

你不能創造時間，你只能利用時間

快樂是意義的副產品。

要過得快樂，就得思考哪些事情是有意義的。
要知道哪些事是有意義的，就必須花時間……

設定目標培養你的好奇心。

要達成目標，就必須將目標切割成數個小目標，
因為……

小問題和小解決方案的不斷累積
可以引發大改變。

所謂的生產力，是持續改善。
要做到這一點，你必須……

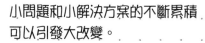

探求內心，才能找到出路。

投入固定的時間反思筆記本的內容。
將真正重要的事情列為優先事項，
不重要的事項則立即刪除。

如果你不開始行動，註定會失敗。

如果你試過、但失敗了，就只是失敗一次。
但如果你妥協了、而且失敗了，等於是失敗兩次，
因為你知道你從未試過。你要做的就是……

開始行動。

更好>完美

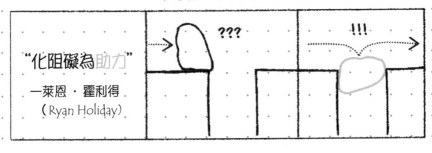

"化阻礙為助力"

—萊恩·霍利得
(Ryan Holiday)

你唯一可以控制的就是你應對的方式。

如果你專注於無法掌控的事情，就只能任由他們掌控你。

你應該專注於你能掌控的事情。

○ A
○ B
● C

要讓自己成為對世界有用的人，必須讓自己變得有用，

尤其是對你自身而言。

如果你無法提升自己的內心世界，就無法改善身外周遭的世界。

有智慧地選擇朋友，同時成為你自己的朋友。在開始之前⋯⋯

感激生命中的美好。

如果你不能心懷感激，任何成就都變得空洞。

如果你無法認可自己的努力，

那麼這一切又有何意義？很重要的是⋯⋯

感謝	感謝
— 升遷 — 美味的晚餐 — 傑米的禮物 — 謝卡 — 創造新工作 — 整理房子 11	12

在平凡中找到快樂。

一旦你相信自己正在做的事，

因為有了目標，痛苦便能得到轉化。

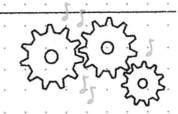

開　始

BEGINNING

「許多畫家害怕空白畫布，
但空白畫布害怕的，
是敢破除『你做不到』魔咒的畫家。」
—— 文生・梵谷（Vincent Van Gogh）

　　沒有比空白頁面更讓人不知所措。這是嶄新的開始，有無限可能，成功或失敗，都取決於你。就某方面來說，人生亦復如此。在生活中放膽嘗試也意味著讓自己暴露在危險中，你得面對有可能失敗的處境。多數人不喜歡失敗。相反地，我們逃避風險。我們選擇妥協，徒勞地以為我們已經成功地消除失敗的可能性，就如同搭飛機時只要繫緊安全帶，然後讓命運主導一切。

　　事實是，失敗是無可避免的。失敗雖然讓我們感到不舒服，但是因為妥協而失敗，所導致的傷害卻是加倍的。例如，你婉拒接受一份有趣的海外工作機會，因為留在原

來的工作比較輕鬆。然後不知什麼原因，你意外失去了現在這個舒適的工作。你等於失去了兩個工作機會——其中一個工作機會原本可為你帶來轉型的機會。你永遠不會知道，但你會不停回想原本可能有怎樣不同的結局。

別因為害怕失敗而讓人生變得平庸。以海瑟・卡利瑞（Heather Caliri）為例，小時候她一直為表現焦慮（performance anxiety）所苦。她不喜歡、也沒有勇氣嘗試新事物、冒險，或沉浸於她所愛的事物。她對於閱讀的熱愛最能說明這一點。

有了小孩之後，她愈來愈難享受閱讀的單純樂趣。她發現表現焦慮的症狀已經擴及到她的閱讀習慣。她總感覺自己讀得不夠多、不夠廣，或是沒有讀對書。當她愈來愈常批評自己的閱讀習慣，就愈難找到時間閱讀。

使用子彈筆記之後，海瑟驚訝地發現，在方格上畫個大叉叉這個簡單的動作，就能激發她的動力，她也很享受可以自由發揮創意，整齊美觀地在筆記本上呈現自己的日常生活。但是，她依舊猶疑不決，無法確定是否要記錄自己的閱讀習慣。「這麼做只會讓我更焦慮，更讓我意識到自己讀得不夠，」她是這麼想的。當她終於建立「閱讀書籍」群組時，卻意外發現了相反的事實。她讀的書非常多。所以，問題不在於她缺乏動機，而是她因為害怕失敗而不願嘗試。

　　海瑟漸漸養成了肯定自己的習慣。當她閱讀得愈多，就愈感到自在。她開始感受到閱讀帶給她的快樂、興奮以及渴望，在此之前她已有多年未曾有過這樣的感受。子彈筆記幫助她更有系統地閱讀，徹底消除之前的心理障礙。當我們有機會因為勇敢跨出一步而獲得回報時，便能引發強大的效果。

　　不曾有另一個人和你一樣，未來也不會有。你的獨特觀點可以為這殘破的人類世界彌補缺口。但是，獨特還不足以讓你變得有價值。如果你不去做、不敢試，那麼這世界——還有你自己——就沒有機會做出有意義的貢獻。正如同法國電影導演羅伯特・布列松（Robert Bresson）所說，「讓世人看見那些沒有了你便永遠不被看見的事物。」[21] 不去嘗試，事情就永遠不會發生。就算發生，也不是屬於你的版本。沒錯，不是所有的努力都會成功，但即使所謂的「失敗」都可以是寶貴的導師。

　　我們必須為自己的成長負起責任。透過學習而成長，透過勇敢採取行動來學習。總會有風險，因為我們無法掌控結果。這就是人生，是無可避免的。但是，我們可以避免事後才來追悔，如果當初夠勇敢，世界就會變得不一樣。你要相信自己值得去冒險。

實踐

有時候，起步階段最困難的部分就在於從何處開始。也許你不知道要如何設定目標、專案、任務或是有組織力。也許你害怕自己做錯或是讓自己失望。若是如此，一個簡單的解決方法就是養成習慣，定期將自己的想法寫在筆記本上。

你可以將閱讀本書的心得筆記寫在你的子彈筆記裡。在第三篇我們會探討許多主題。我希望某些內容能夠激發新的思考以及實用資訊。不要讓它們隨風而逝。直接寫下來。

你可以在筆記本內建立「子彈筆記法」群組。當你閱讀這本書時，如果有任何想法浮現腦海，立即運用你在第二篇學到的子彈筆記法，快速記錄在筆記本上。讀到不同的章節時，持續記錄自己的想法，時間久了就更容易理解這套系統。然後思考下一步要做什麼。也許你需要新增索引，以便日後回溯記憶時可以快速找到筆記內容。

這些想法就是一切行動、目標、希望和夢想的源頭。想要努力投入某件事，最簡單的方法就是寫下你腦海中浮現的任何想法，然後在筆記本上將這些想法組織化。如此一來，你已自動跨越了起跑線……沒什麼大不了的。差別在於，如今你已握住方向盤。

反　思

REFLECTION

「認識自己。」
——蘇格拉底（Socrates）

　　是什麼原因讓你願意打開這本書？是發生了哪些一連串的事件，所以你讀到這一章？你只是隨意瀏覽書架嗎？你之所以讀這本書，是因為這是別人送你的禮物，而你不想傷對方的心？（如果真是如此，真的謝謝你一直讀到這裡。）或者，你希望在這裡找到某件遺失的東西？若是如此，你要如何定義這件遺失的東西？它是如何影響你的生活？上述的問題很可能會讓你的內在世界揚起塵埃。任何行為無論多麼簡單，都是過往無數決策的結果。

　　我最喜歡的雕塑是羅丹（Auguste Rodin）的《沉思者》（The Thinker）。男子坐在石塊上，頭靠在手上沉思著。如

同羅丹的許多作品，這件雕塑看起來像是未完成品。有些表面顯得粗糙，有些地方少了細節。這些明顯可見的瑕疵是無數個瞬間決定的結果，也為他的作品增添了即時性和人性，我們彷彿可以看到這位藝術家是如何思考的。

我們的生命就如同大理石一樣，是有限的存在。一開始顯得粗糙，沒有明確形狀。每當我們做任何決定，便會在大理石塊上留下一道鑿痕。任何行動都需要時間。每一次的行動都需要我們的注意力。失去專注，就很難做出心安理得的決策。

確實，不論你有多麼聰明或是有智慧，身為人必定會做出錯誤的決策，這是無法避免的。人生本就是難以掌控的。它會跌落、碎裂、轉移、擠壓。有時我們甚至發現自己就像是被等著被鑿刻的石頭，一點也不完美。幸運的是，只要活著，就有可運用的素材。如同《沉思者》，你的人生不需要多偉大、光彩奪目或是完美，才能算是幸福的人生。重要的是，我們一天要比一天做得更好。

許多錯誤的決策源自於缺乏自我意識。我們只顧忙著做事，卻忘了在第一時間問自己，為什麼要做這些事。在我們尋找意義的過程中，第一步就是要詢問為什麼，雖然是很小的一步，卻需要慎重行事。

我們總是太晚開始思索意義。因為這感覺像是一件艱

鉅的重大任務，我們總是等到人生籠罩在危機或某個特殊情況的陰影之下，才不得不開始思索。但是，在如此不樂觀的情勢下思索意義，不會有好結果。我們會因為內心的痛苦而無法清楚觀察和思考。我們不應該在人生低潮時才想到要自我反省。它可以是我們日常活動的一部分。第一步就是知道自己的時間和精力投入在哪些事情——也就是被忠實記錄在子彈筆記內、可供日後參考的工作事項。

你可能會想，分析我的待辦事項清單又無法回答人生的大哉問。或許是如此，但或許是因為我們從未受過訓練，不懂得如何提出這類型的問題。要學會如何提出這些令人恐懼的大哉問（人生的意義是什麼？我為什麼在這？），就得先從小問題開始：我為什麼要做這個專案？為什麼我的夥伴會惹怒我？為什麼我覺得有壓力？在子彈筆記裡，我們可以透過「反思」來提出問題。

反思是自我意識的保育室。它提供我們一個受到保護的心理環境，讓我們有機會重新找回迫切需要的客觀觀點，仔細思考為什麼。透過反思養成定期自我反省的習慣，檢視我們的生活進度、責任、環境以及心理狀態。它幫助我們看清，是否解決了對的問題、回答對的提問。藉由質問自身的經歷，我們才能去蕪存菁，從正在做的諸多事項當中，篩選出真正有意義的事情。

別擔心。反思的目的並非是要求你為了過去的失敗而

責怪自己，而是希望藉此機會，從過往經歷中採集大量資訊並加以應用，豐富未來的人生。

反思幫助我們辨認哪些經歷滋養了我們的人生，
為下一階段的人生播種時，便能做出更好的決定。

人生有高潮、有低潮、有所得、有所失。不同的人生階段，需求也會改變。我們對於意義的定義，也必須隨之改變。在某個階段是對的事情，可能在另一個階段變成了錯誤。如果我們盲目執著於過去，只能被迫藉由過往人生經驗、但早已不合時宜的信念支撐自己。這正是為什麼我們常感到不滿足、空虛、渴求物質的原因。

要過著滿足的生活，就必須認清人生的經驗是不斷變動的，因此尋求意義這件事也必須持續進行。子彈筆記法有多種不同的反思機制。此時我們已經從系統進入實作階段，目的是要幫助你去除不必要的工作項目，找出什麼是真正重要的事情。

實踐

也許你在想，瑞德，我希望成為更有反思能力的人，

但是一直沒有時間。我需要有清楚的腦袋才能進行深度思考。但我的思緒混亂，我整個人也是一團糟。

　　如果你已經開始用子彈筆記，其實就已經在反思了。運用不同類型的記事表，重新組織你的工作與責任，並記錄你的想法和行動。這已經屬於一種被動的反思。現在你要做的是以你認為適當的速度，從被動反思轉換為主動反思。

每日反思

　　你每天都可以用日誌（第 111 頁）簡單記錄自己的想法。因此，現在你只需要回頭檢視日誌的內容，這就是每日反思的設計目的，讓你每天在固定的時間主動進行反思。

AM 反思：晨起規劃

　　早上時，在投入一整天的工作之前，花幾分鐘的時間坐下來翻閱你的子彈筆記。如果你每天早晨醒來總是滿腦紛亂的思緒，現在是好好釋放壓力的時候。卸除所有一夜之間冒出的想法。清空你的大腦，騰出空間給接下來的一整天。如果你每天早晨像個行屍走肉般了無生氣，上午反思時間可以幫助你充電。

被動反應
－

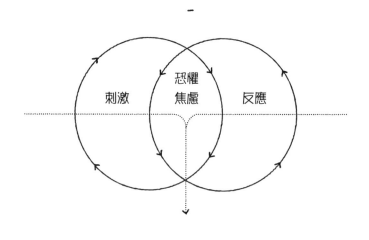

有意識的行為
－

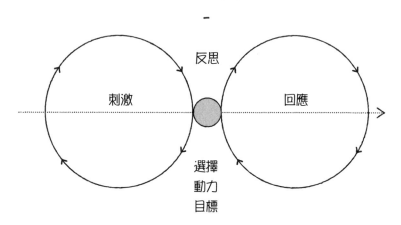

下一步，檢視當月的所有記錄，提醒自己有哪些任務還未完成。這樣可以幫助你聚焦、釐清你的優先事項，並做好規劃。如此一來，便能帶著自信、明確與方向感，開始新的一天。

PM 反思：下午檢視

AM 反思的目的主要是規劃，為接下來的一天做好準備。PM 反思的目的則是為了重新檢視，幫助讓你放鬆。在你休息之前，先坐下來翻閱子彈筆記，看看上面記錄了哪些工作事項。如果是已完成的任務，就畫上 × 的記號。如果有項目漏記，就立刻補上。這麼做的目的是清除你的心理負擔。

更新完內容之後，開始檢視每個項目。這時你要開始問自己：這重要嗎？我為什麼要做這件事？為什麼這件事必須優先處理？這樣你就可以區分出哪些是讓你分心的工作事項。刪除所有你認為無關的任務。

最後，花一些時間肯定自己的進步。認可自己用簡單的方法取得了成功。反思過後，你會感覺自己有所進展、做好準備、而且有了明確目標，如此一來在你入睡前，便能真正解除心理壓力和焦慮，得到放鬆。

小訣竅：你可以利用每日反思時間，暫時遠離數位工具。例如，PM 反思時間結束之後，開始執行「關閉螢幕」政策，直到你完成隔天早上的 AM 反思為止。這是讓自己養成定期離線的簡單方法。

透過轉移完成每月和每年反思

科技總是將我們的生活推向更為無縫接軌的狀態，阻礙愈少愈好。訂披薩時，這當然很棒。你不需要知道過程中運用了哪些不可思議的科技，讓美味的起司披薩憑空出現在你家門口。但是，追求便利的後果往往是缺乏理解。當你花愈少時間檢視事物，對事物的瞭解就愈少。如果你要理解自己的人生是怎麼過的，就必須放慢速度，好好利用時間。

轉移的目的是增加阻礙，讓你放慢速度、後退一步，重新檢視你排定的任務。表面上，它是一道自動過濾機制，在耐性有限的情況下幫助你快速篩選。如果某件任務不值得你花幾秒鐘的時間重寫，就代表它沒那麼重要。此外，手寫可以激發我們的批判性思考，幫助我們在不同想法之間建立新連結。轉移項目時，你必須專注地檢視每一個項目，也因此能藉機辨認出不尋常的關係與機會。

一旦我們排定某件事，就等於是推掉另一件事。轉移讓你有機會重新專注於真正重要的事情，刪除不重要的事

子彈筆記反思循環

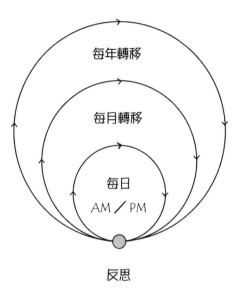

情。正如同李小龍所說：「不是每天增加，而是每天減少。砍掉那些不重要的東西。」

持續

　　常有人問我，每天反思都花多少時間。平均而言，每個階段我會花五～十五分鐘。不過，重點不在於花多少時間，而是要持續不間斷。如果你發現自己實踐起來有困難，不如減少時間。你可以自己衡量，如果要反思成為每天固定的任務，該花多少時間。

　　這麼做的目的是讓我們定期檢視自己，養成對自己提出小問題的習慣。長久下來，你會更懂得如何回答這些問題。這些問題能幫助你提升你的信念、價值觀、看清自己優缺點。你必定會逐步地刪除讓你分心的事物，更能專注當下，強化自我意識。

意識

　　作家大衛・福斯特・華萊士（David Foster Wallace）以「這是水」（This is Water）為題，在肯揚學院（Kenyon College）畢業典禮上演講，引發熱烈迴響。演講中他提到日常生活瑣事以及「所謂的『真實世界』並不會阻止你依據習性、本能等『預設值』（default settings）過日子，因為由凡人、金錢、權力構成的所謂『真實世界』，將會以恐懼、蔑視、挫折、渴求和自我崇拜為動力，推動你繼續向前。」[22]

　　華萊士說的是，如果我們不夠謹慎，就會開始以自動駕駛模式過生活，無法真正體驗這世界。在反思的過程中，我們會養成習慣，關閉自動駕駛模式，重新檢視我們的經歷。這種思考模式要求我們必須提出問題，而非僅憑表象就對所有事物信以為真。它的目的是要讓我們學會深入地思考我們自身以及周遭世界。

如果我們能持續定期地觀照自我經驗，便能意識到，即使是最枯燥無謂的時刻，都隱含有深意。當你建立自我意識，「便擁有了力量，足以面對擁擠、燥熱、緩慢、如地獄般地排隊等待，你不僅感到有意義、神聖，甚至燃起了孕育宇宙星辰的同等力量——同理心、愛，以及萬物一體的內在感受。」[23]

摘要

去眼科配眼鏡時，驗光師會要你透過一台裝置有不同度數鏡片的金屬儀器，也就是所謂的綜合驗光儀，閱讀你看到的符號。當你看著這些符號時，驗光師會更換鏡片，詢問你哪個鏡片看得比較清楚。這樣有清楚一點嗎？換另一片。那現在呢？再換另一片。目的是更換不同鏡片，改變光線進入視網膜的方式，讓我們可以看得更清楚。

反思就像驗光儀，協助你開始有意識的生活。它可以改進你的視力，但若要運作順暢，還必須加上鏡片，例如你的價值觀和信仰。反思是一項擁有豐富傳統、且歷史悠久的內省方法。每個傳統都有屬於自己的鏡片，在我們進行反思時協助矯正我們的近視、修正我們的認知。接下來的內容，我將會介紹我認為最實用的鏡片。我希望這些不同的觀點能幫助你深化反思，讓你更有意識、更有脈絡、更清楚地檢視自己的每一天。

意 義

MEANING

「眼睛僅能看見光，耳朵僅能聽到聲音，
但是傾聽內心可以賦予意義。」
—— 本篤會修士大衛·斯坦爾德－拉斯特
（David Steindl-Rast）

　　我最愛美國電視劇《陰陽魔界》（*Twilight Zone*）其中
一集〈拜訪一個好地方〉（A Nice Place to Visit），劇情描述
一位名叫范倫鐵諾先生（Mr. Valentino）的邋遢竊賊，行搶
時不幸被警察擊斃。一位態度友善、身穿白色西裝的英國
人的指引他進入死後世界。范倫鐵諾驚訝的發現，他竟成
了富翁：住進奢華的紐約頂樓公寓，衣櫃掛滿訂製西裝，
酒吧擺滿最高檔的名酒。他開著名車四處炫耀，在賭場更
是無往不利，身邊總是圍繞著愛慕他的社交名流。金錢、
權力、吸引力——他曾經嚮往的一切，如今都是他的。

　　然而，隨著時間流逝，新奇感逐漸褪去。原本的喜悅

消失，他開始感到無趣。曾經萬般渴求的完美生活，如今卻無法讓他感到滿足。范倫鐵諾對他的引路人說：「我不認為天堂適合我。我覺得我屬於另一個地方。」引路人笑著說：「你怎麼會認為這是天堂？」

成功常讓我們感到意外的空虛，不僅是錢財上的成功，也包括一直被視為是健康、良善的成功類型：自我成長。「禪宗習慣」（Zen Habits）部落格創辦人里奧・巴伯塔（Leo Babauta）曾經參加超級馬拉松、報名古洛克挑戰賽（Goruck Challenge；長達十小時的障礙賽，參賽者必須背著裝滿磚塊的背包跑步）、學習寫程式，卻發現他的生活並沒有因此變得更好。「幻想從來就不是真實的，」他寫道。[24] 不是只有他一人有這樣的體悟。

如今全球的識字率提高、人們營養更充足、疫苗注射更普及、科技更為進步。然而，千禧世代依舊渴求更多，他們每個月花費在自我成長的費用是嬰兒潮世代的兩倍（但是他們的收入幾乎只有上一代的二分之一）。[25] 這又引發了另一個問題：我們要如何解釋，在消費金額增加的情況下，患有憂鬱症的人數比例卻不斷攀升？患有嚴重憂鬱症的美國年輕人佔比從二〇一二年的 5.9％，增加到二〇一五年的 8.2％ [26]。光是在美國，有將近四千萬名成年人患有焦慮症，佔美國總人口的 18.1％ 。[27]

你可能認為健身或是晚上去上課是值得投資的目標。

或許是吧，但是你正在做的事情會如何影響你的生活，取決於你**為什麼**要做這件事。關鍵就在於，你必須了解努力背後的動機為何。我們之所以如此認真，必定是受到某個承諾所驅動。你願意流血、流汗、流淚，是期待達到什麼目的？所有目標的背後又是為了什麼樣的重大目標？對多數人而言，是希望得到快樂，但這也正是問題所在。

回想你最後一個達成的目標。你努力鞭策自己，為了擁有更快樂的生活。但是，當你終於穿越終點線，你找到了什麼？加薪、新房、新車、假期，擁有了這些之後，你有感受到曾經渴望的感覺嗎？答案很可能是否定的——即便是肯定的，也無法長久。為什麼？

要解開這個難題，我們必須接受一個簡單的事實：沒有人能確切知道，究竟是什麼事讓我們快樂。事實上，我們根本無法準確猜測某件事會讓我們產生什麼樣的情緒感受，原因就在於所謂的「影響力偏誤」（impact bias）：「人們傾向於過度高估未來的情緒感受的持久度或強度。」[28]簡而言之，我們長期以來低估了自己的適應力。

當我們努力朝著目標邁進時，我們會學習新事物，處境也隨之改變。抵達終點的當下，我們已不再是原來的那個自己。我們所能做的只有猜測什麼事會使我們快樂。我們只能盲目地下注，為了追求快樂，輸掉了金錢、時間以及清醒的神智。愈努力追求快樂，快樂就變得愈遙

不可及、愈難以捉摸。如同喜劇演員提姆‧明欽（Tim Minchin）曾開玩笑地說：「快樂就像是性高潮：如果太常想，它就會消逝無形。」[29]

在我們試圖理解快樂難以捉摸的本質時，必須考量到一個關鍵因素：追求享樂是人類固有的本性。我們可以適應炎熱、寒冷、困境，部分原因是我們有享樂的能力。享樂讓我們得以迅速分辨好與壞、傷害與助力。我們喜歡讓我們感到開心的事物，因此努力追求更多好東西，像是居所、食糧和水。

在過去生活艱苦的年代，我們耗費大部分時間求生存，享樂的機會很少，生活多半強調實用性。但如今，享樂成了商品，它被包裝成快樂的替代品，當你有需要時可隨時取得。

正因我們具備快速適應的能力，因此即使是最歡樂的體驗或購買行為，很快會成為平凡無奇的新常態。於是我們又開始追求另一個可以快速享樂的方法。我們對於已擁有的一切永遠不會感到滿足，我們不斷增加劑量，逃離痛苦。更多的新鞋、更多名酒、更多性愛、更多食物、更多「按讚」，更多的需求。這種現象我們稱之為「享樂適應」（hedonic adaptation）。

如同臉書創辦人之一西恩‧帕克（Sean Parker）所說，

利用「人類心理的脆弱」，正是現代經濟運作的根本。[30] 有多少廣告強調的不再是「好」，而是「更多」：更好、更快、更強、更輕。「好」雖已足夠，但要獲得「快樂」就要變得「更好」，說穿了就是買更多。

我們以為可以買到所有東西，包括「快樂」。在鞋店買鞋，服飾店買衣服，找經銷商買車。但你有發現，沒有一家在賣「快樂」的店嗎？因為快樂無法用買的，快樂無法被擁有。

快樂，如同悲傷，來去無常。它是諸多情緒的一種，只是短暫存在的狀態。不妨想像我們生存在一個情緒硬化的世界，被迫要毫無限制地娛樂內心的魔鬼。或是，在情人節的天堂／地獄世界裡，一切如此完美，但因為缺乏對照，所有事情也變得沒有任何意義。這樣的世界會腐蝕我們的心靈。事實上，對於無法在不同情緒狀態之間轉換的人，通常我們會視為心理疾病。以此觀點來看，追求某種神祕、永恆不變的快樂，不僅與現實牴觸，而且似乎也沒有這麼美好了。

那麼，我們所有的目標和追求都毫無意義嗎？並非如此。重點在於，快樂不應該是我們的目標。快樂固然很重要，但我們的問題應該改成：我們如何讓快樂存在於我們的生活之中？

　　查詢「快樂」這個字，會找到一長串同義詞，顯示了快樂感受的複雜性以及不同感受之間的細微差別，但是沒有任何一個字彙能確實提供快樂的方法。這已經屬於哲學領域的思考範疇，希臘的「幸福論」（eudaimonism）便提出了相關的論述，「一種道德哲學，要達成個人的『幸福』（well-being），必須採取正確行為。」[31]這派觀點強調的是，心滿意足的幸福感是個人辛勤努力的副產品，這樣的觀點在世界各地的哲學傳統重複出現。換句話說，快樂是我們為了達到其他目的而採取行動之後所導致的結果。

> 如果快樂是我們行動導致的結果，
> 那麼我們不應該再問如何獲得快樂。
> 我們應該要問的是，如何活在這世上。

　　例如，日本沖繩的居民是最快樂、最長壽的人民，人瑞比例是全球最高，大約每十萬人就有五十人超過百歲。[32]被問到他們的快樂祕訣時，最常見的回答是「ikigai」（生活的目標）。「『ikigai』指的是，你擅長做的事與你熱愛做的事兩者之間的交集，」作家赫克特 · 加西亞（Hector García）說。他寫道，「自古以來人們就不斷追求物質與金錢，但有些族群對於無止境追求金錢和名聲的生活開始感到不滿，轉而追求超脫物質富足之外的東西。多年來，人們運用不同的字彙和方式描繪這種另類追求，但最終都回

歸到最重要的核心概念：人生的意義。」[33]

或許我們都想相反了。在一味追求快樂的過程中，我們似乎忽略了什麼是有意義的。唯有在追求意義的過程中，快樂才有可能浮現。如同維克多・法蘭可（Viktor Frankl）所說：「快樂無法透過追求得到的，它是隨之發生的結果。」[34]

所以，問題變成：什麼是有意義的？我們多數人可能都無法確定，但沒關係。這是非常複雜的問題，一想到就讓人頭痛。關於什麼是有意義的，學術界的定義也相當模糊，因為他們必須包容多種不同的主觀看法。我們自身也曾有過這樣的經歷，關於意義的定義會隨著時間的演進而不斷改變。現在的你依然珍惜十二歲時珍愛的事物嗎？或許不是。但可以肯定的是，人生不會只有單一的意義，而是有多重意義。

從服務、信仰、家庭到貢獻，人們總是願意透過各種付出，尋找生命的意義。是的，這些活動都是值得的，但不代表它們能讓你感到滿足。我曾遇過許多理想幻滅的志工、社會工作者、老師、醫師、甚至父母。雖然，客觀上他們知道自己正在做的那些事情是有意義的，但是他們感受不到。

感受和意義有什麼關係？可能密切相關。至今沒有任

何各觀論述說明什麼樣的事物會引發你的共鳴，因此很難定義。當它自行顯現時，你自然會感受得到，也就是希臘文"phainesthai" 所代表的意義，關於這個字有幾種不同的譯法：「自我顯現」、「自我顯露」、「散發光芒」、「出現」。[35]

你的感官會見證「散發光芒」的事物，
那些事物就蘊含了你所尋求的意義。

如果我們只是被動地生活，不去追求散發光芒的事物，永遠只能生活在黑暗中，看不見我們在這世上的位置。在這種狀態下，不論我們的努力是出自於多麼良善或高尚的意圖，仍舊會感受不到任何意義，因為這些努力缺乏目的。我們不斷嘗試用各種事物填補心裡的空虛，卻一再失敗，只會讓我們更加挫敗。因此，找到為你散發光芒的事物，是非常重要的。

我們要如何發現那些「散發光芒」的事物？人類天生就具備眼觀四方的能力，更擁有感知對我們散發光芒的事物的能力，這個能力就是我們的好奇心。

一旦出現可能有意義的事物時，我們會感受到有股興奮的電流流過全身。它刺激我們的想像力和好奇心，吸引著我們跳脫自我，走進世界。這種吸引力取代了理性、貪

婪、個人私欲、甚至是快樂。你可能已經體驗過某種形式的好奇感受，例如被某個人吸引、對某個主題著迷、或是做自己喜歡的事情而情緒激動。你的好奇心也可能是你未曾經歷過的事物。或許是成家、創業、製作音樂群組、或是解決世上的某個難題。不論是什麼，你的內心已經認定這些事情可能具有某種意義。問題是：如果這些事情是有意義的，其中有哪幾項是你現在正在做的？你是否有空出時間好好思考，對你而言，有意義的生活是什麼？

我們先暫時跳脫一下。在你報名健身房、參加課程、買電視機、甚至設定目標之前，我們需要先有綜觀全局的視角，引導你的行動方向。你需要花些時間，根據親身體驗，思考什麼是有意義的生活。沒有透過這種方式找出意義，你可能會像在《陰陽魔界》裡提到的「另一個地方」迷失。所以，讓我們先進行以下的練習，思考你想要過什麼樣的生活。

實踐

兩種生活

這項思考練習的靈感來自於美國詩人羅伯特‧佛斯特（Robert Frost）的詩作〈未行之路〉（The Road Not Taken）。想像你是一位旅人，來到兩條路的岔口。其中一

條路看起來有很多人走過，另一條路看來人煙稀少。

很多人走過的路

這條路將會將你帶往熟悉的環境，安逸多於冒險。它就是你現有生活的延續。你追求的是舒服，不想花力氣改變或改進自己的缺點。當你走到了生命終點，不論是在生活或工作上，你會有什麼樣的成就？這樣的人生會有什麼結果？

人煙稀少的路

這條路將你帶往陌生的環境。這樣的生活偏愛冒險，而非舒適。你敢於追求有興趣的事物，並主動改進自己。當你走到了生命終點，不論是在生活或工作上，你會有什麼樣的成就？這樣的人生會有什麼結果？

現在（請再忍受我一下下）假設你分別走完了這兩條路，至少花十五分鐘的時間，為每一條路寫下一篇訃聞。建立「兩種生活」群組，加到索引頁。第一個跨頁寫第一篇。寫完第一篇之後，再開始寫第二篇。想要寫多少就寫多少，盡可能深入地思考。要對自己誠實，這些內容只有你自己看得到。當你遙望這兩條路時，你看到了什麼？

事後檢討

一、閱讀完這兩篇虛擬訃聞。在筆記本的下一頁，

寫一封信給自己。進行這項練習時，你有什麼樣的體悟、出現什麼樣的情緒、遭遇哪些問題、是正面感受或負面感受？哪些事讓你驚訝？哪些事讓你悲傷、恐懼？什麼事讓你興奮不已？重點在於，當你看著自己的人生在眼前展開時，你的感受是什麼？把這些全都寫下來。書寫的目的是為了提醒未來的你——以後的你將會重新閱讀這封信——哪些事情改變了，因為必定會有不同的感受。提醒自己，你在試圖逃避什麼，又希望走向何處。

二、選擇你最喜歡的人生樣貌，找出以及圈出你最引以為傲的成就。完成之後，將這些成就轉移（第135頁）至「目標」群組（第185頁）。就這樣，你已經踏出更了解人生意義的第一步。讓我們繼續前行！

目　標
GOALS

「我們無法做大事，
只能以大愛來做小事。」
—— 德雷莎修女〔Mother Teresa〕

　　好奇心引導我們內心羅盤的指針，指向具有可能性和
意義的事物，帶給我們希望。這股力量激發我們走出舒適
圈，踏上充滿不確定和風險的陌生領域。現在我們的問題
已經改為：如何最有效地掌控好奇心，降低失敗的風險？
答案是：設定目標。有想法地設定目標，目標就可以提供
你必要的架構、方向感、焦點和目的。

目標讓我們有機會定義自己要的是什麼。

　　如果我們不清楚自己的目標，很容易淪為我們面對困難和痛苦時產生的被動反應。例如，你覺得自己體重太重，安排自己參加數個月後舉辦的馬拉松，就是屬於反應式目標（reactionary goal）——而且很可能沒有任何效果。你達成目標的機率微乎其微，卻有可能因此讓自己受傷或失望。當你設定反應式目標時，你很可能會發現自己又回到了原點：高風險、低報酬。

　　挪用其他人的目標則是另一個常見的陷阱。例如「賺到百萬收入」，我們常常聽到許多人將這個目標掛在嘴邊，但這樣的目標其實沒什麼意義。為什麼？因為它沒有任何目的；就像是空有熱量、沒有任何營養的食物。你的目標必須具有實質意義，才能持久。你必須往下思考自己為什麼需要賺到一百萬。

　　你的目標設定應該源自於真實體驗。人生中，必定有讓你感到熱血沸騰的事物——不論是歡樂的事物帶給你的正面影響，或是讀書時期體悟到的寶貴教訓。別讓這些經歷白費了。你必定能從這些體驗中找到有意義的目標。

　　現在，我們再來設定一次賺錢的目標：「我想要賺到足夠的錢，償還學生貸款、買一間兩房的房子讓父母退休後有地方住、支付小孩的教育費。」

　　相反地，這些目標——雖然還是很有企圖心——包含

了意義。你會更加了解這個目標將如何影響你的生活。這點非常重要，因為要達成遠大目標，需要時間以及持續不斷的努力。在這過程中你會面臨各種挑戰，其中最難以對付、最致命的頭號敵手便是忍耐力（endurance）。因此，要達成重大目標，首先這目標必須源自於真實的需求，你才有動力持續幾天、幾月、甚至幾年的時間完成目標。這個需求必須強烈到讓你願意抵抗分心的誘惑、藉口以及誘惑你觸礁的質疑聲音。《恆毅力》（*Grit*）的作者安琪拉‧達克沃斯（Angela Lee Duckworth）博士認為，要預測一個人能否成功，「對於長期目標的堅持與熱情」的準確度「優於其他衡量指標」。[36]

對某些人而言，堅持與熱情不免讓人聯想到以下的情景：咬牙苦練，最終奪得致勝分；或是忍受大腿骨折的疼痛，完美落地的運動員；或是為了藝術犧牲一切，在結冰的閣樓凍到發抖的創作者；或是花費數十年時間沉思冥想的僧侶。但是，就如同其他情緒，熱情和堅持也有程度高低之分。在這強調「有或沒有」的世界，我們總是忘了「有一些」的力量。最脆弱的種子也能長成最茂盛的大樹。「熱情」的種子是「好奇心」；「堅持」的種子是「耐心」。有策略地設定目標，就像撒下好奇心與耐心種子，開始灌溉你的機會。

實踐

建立目標群組

我們的企圖心多半只是盤旋在腦海的模糊觀念或是抽象的白日夢:「有一天我要……」現在我們要把這些想法寫在紙上,將他們化為可行的目標。

如果你還沒做過,那麼翻到子彈筆記的下一個空白跨頁,建立目標群組。不論規模大小,要全部寫下來,這樣你的所有想法就可以清楚地保留在同一個地方,未來可以重複檢視。寫完之後,便是完成了實現目標的第一個重要步驟。

這個群組好比是一份菜單,列出你可能的未來。它可以讓你更聚焦、更有動力。但如果你不點餐,那麼再精美的菜單也沒用。所以,下一步就是要鼓勵自己採取行動。不然,我們習慣擱置目標,總想等到對的時機再出手。但是,永遠不會有對的時機。我們必須自己創造機會,因為生命從不等待。

五、四、三、二、一練習

激發動力的一個有效方法,就是讓你明白自己的時間所剩不多。五、四、三、二、一練習的目的就是幫助你將

目標放在時間的脈絡下。依據時間的長短，將目標劃分為短、中、長期，如果你覺得朝目標前進有困難，可以嘗試這個做法。

首先，翻到下一個空白跨頁。這個新專題的主題名稱是「五、四、三、二、一練習」，將跨頁內的每一頁分成五列（第 190 頁）。左頁是個人目標；右頁是專業目標。第一列寫下你希望在五年內達成的目標；第二列是四個月內達成的目標；第三列是三星期內達成的目標；第四列是兩天內達成的目標；第五列是一小時內要達成的目標。

現在回到你先前建立的「目標」群組。將你的目標轉移至適合的欄位裡。你的目標不一定能精準符合每個欄位設定的期限，這麼做的目的是迫使你同時以個別和整體的角度，估算每個目標需要花費的時間和精力（堅持和熱情）。

設定目標的優先順序

當你將所有目標都排定在對應的欄位之後，現在開始進行個別評估。這些目標值得你花這麼多時間嗎？如果不是，就直接刪除。然後針對留下來的目標，排定優先順序。哪些目標最能呼應你的個人經歷？哪些目標比其他目標更閃閃發光？在這些目標之前，加上代表優先事項的標記符號「*」。

五、四、三、二、一──個人目標

五年
- 成家
- 買房
- ✳ • 流利地說另一種外語

四個月
- ✳ • 到夏威夷旅行
- 減重十磅
- 拜訪尼可拉斯

三星期
- 捐贈衣物
- 當志工

二天
- 清理衣櫥
- 清理廚房
- ✳ • 更換駕照

一小時
- 清理冰箱
- ✳ • 打電話給爸媽
- 為莉亞的晚宴預定餐廳

　　如果你正在做五、四、三、二、一練習，可以練習每一列只能有一項目標被列為優先事項。個人和專業目標必須分開考量，所以總共會有十個目標被列為優先事項。

　　將四個短期目標（兩天內以及一小時內要達成的目標）轉移到日誌，並加上代表優先事項的標記符號「*」。首先解決這些目標，才能激發達成長期目標所需的動能。這樣就等於是完成了十個目標當中的四個！剩下的六個目標，分別建立群組：例如，「到夏威夷旅行」或是「流利地說另一種外語」。

　　如果你一直無法決定要新建立哪六個群組（三個是針對個人目標，另外三個是針對專業目標），或許就代表了某些目標並非你想像的那麼重要。沒關係，直接刪除。重點不在於你有多少目標，而是專注於真正重要的目標。

專注於優先目標

　　群組設定完成之後，花幾分鐘的時間對自己承諾：在你完成這些優先目標或是在他們變得不重要之前，絕不再重新翻閱「目標」或是「五、四、三、二、一練習」群組。如果你是有企圖心的人，看著未來的專案，必定會讓你分心。要開始執行某件新工作的想法或許很誘人，特別是當你手邊正在處理的工作一再拖延。但是，一定要抵擋住誘惑。要過有意識的生活，就必須專注於當下重要的事。當

你挑選目標時，千萬要記住：現在的你希望自己的生活增加什麼——更重要的是，為什麼？

我們希望專注於最少量的未來目標。什麼？！同時多工並進不是更有效率嗎？錯，我們要盡可能將一心多用的情況降到最低。為什麼？研究顯示，大約僅有 2% 的人在心理上有能力一心多用。[37] 其餘的我們根本無法一心多用，只是在逞強應付。我們無法同時專注於不同任務；事實上我們只是在微任務化（micro-tasking）——在不同任務之間快速轉換——盡可能不要漏接工作。

當你還未完成某項任務，就快速轉換到另一項任務，這時你的部分注意力仍停留在先前的任務上。美國明尼蘇達大學（University of Minnesota）教授蘇菲‧勒羅（Sophie Leroy）博士將此現象稱之為「注意力殘留」（attention residue）。她寫道，「你必須停止去想某件任務，才能完全將注意力轉移到另一項任務，並且有好的表現。但結果顯示，人們很難將注意力從未完成的任務中移開，因此影響下一個任務的表現。」[38] 換句話說，當你的時間和精力被切割得愈細，就愈難專注。當你愈無法專注，工作就愈難有進展。這就是為什麼，你覺得自己忙翻了，卻沒有完成太多事情。

專注於核心的優先目標。利用這些目標阻擋其他事物悄悄滲透進你的生活，讓你分心。系統化地檢視這些目

標，盡可能一次將多數的注意力集中於一個目標。讓每個目標獲得它應有的機會，並在你達成目標的過程中給予你寶貴的啟發。達成目標的過程、而非目標本身，很可能才是最有價值的。過程本身構成了每段經驗的主體，提供了大量資訊幫助你成長。

將目標切割成衝刺目標

我年輕的時候，最想做的一件事就是成為定格動畫師。我的成長過程就是不斷重複看著改編自一千零一夜或是希臘神話故事的電影，這些電影當中讓人驚艷的怪獸角色都是由雷 · 哈利豪森（Ray Harryhausen）設計的。當時我告訴自己，這就是我想做的，後來我也真的做到了。

我和一位朋友合作完成了一支定格動畫短片。以冷凍披薩和黏土這樣的預算來說，結果還算不錯。那次經驗讓我學到很多，最重要的是，我知道自己無法靠這個養活自己。當然，這樣的覺悟實在讓人沮喪，但也是一種解脫。我開始探索其他有興趣的領域。自此之後，我再也沒有回頭，更不曾想過如果當初堅持下去現在又會如何。

我們有興趣的事物，不見得會成為我們的職業。曾經投入其中就是很寶貴的經驗，特別是在你年輕的時候。很重要的是，你必須想清楚，你所熱愛的事物在你的人生中扮演什麼樣的角色。不是每個嗜好或興趣都會成為志業，

但有些可能是。想要確定的話，可以在做出最後決定之前，先嘗試一段時間看是否合適。以我為例，我曾嘗試停格動畫一段時間，而不是馬上做出重大承諾，例如申請電影學院的動畫課程。

將長期目標劃分為較小規模、各自獨立的目標，就像把馬拉松分割成數段百米短跑。我們用更短、更容易管理的時間區段——我們稱之為衝刺目標（sprint）——來達成大型目標。這項技巧類似敏捷軟體開發（agile software development）的方法，相當有效，適用於任何目標。[39] 對於個性較急躁的人來說（我就是），即使是中期目標也可以拆解成較短期的目標。

將目標拆解成衝刺目標，降低了無法負荷或感到倦怠的風險。如果你不擅長烹飪，並決心改變自己，就不應該一開始邀請六位味覺挑剔的美食家朋友吃舒芙蕾。即便最後成功了，龐大的壓力會讓過程變得不愉快，原本你對於

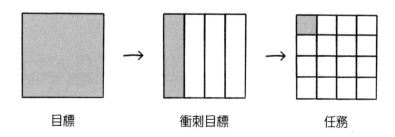

目標　　　　　　　衝刺目標　　　　　　　任務

下廚的好奇心將會因此冷卻了大半。困難的感受會迅速侵蝕好奇心與滿足感。所以，先從小規模、較簡單的餐點開始，看看自己完成之後是什麼感受。

將目標拆解成衝刺目標，與劃分成不同階段，兩者有何差異？如果是劃分成不同階段的目標，每個階段完成並不代表目標完成。但衝刺目標不同，他們是各自獨立的目標，因此完成之後你會獲得滿足感、必要的資訊和動力（希望如此），並願意持續下去（或是，正如同我的定格動畫嘗試，讓我明白不該再堅持這個目標）。

例如，有位作家兼創業家對於播客（podcasting）相當好奇，但對播客一無所知。他沒有立即去當播客主持人，而是和他的朋友凱文・羅斯（Kevin Rose）共同合作，先試播六集的節目，後來成為正式的節目《提姆費里斯秀》（The Tim Ferriss Show），並登上 iTunes 商業類播客第一名，目前已經有超過兩百集的內容，累積超過一億次下載。這就告訴我們，不可小看小規模、聚焦專案的影響力。第一版的子彈筆記網站其實也是衝刺目標的成果。

設定衝刺目標時，可以根據達成長期目標所需的特定次要目標或技能來設計架構。以上述提到的烹飪為例：

長期目標：學會烹飪

可能的衝刺目標：

- 學習刀工
- 學習如何烤、煎（之後可以增加新任務，學習其他烹飪方法）
- 學習如何挑選新鮮蔬菜（之後可以增加如何挑選水果、肉類、家禽類等新任務）
- 學習如何煮蛋（逐步設定相關任務：白煮蛋、炒蛋、半生荷包蛋、蛋捲）

衝刺目標必須符合以下原則：

一、**沒有重大的進入障礙**（不可以讓任何事情阻礙你開始）：例如，學習刀工，你不需要購買一整組昂貴的廚師用刀，只需要準備一把基本的廚房用刀，也許你已經有一把，或是花一點錢就能買到。

二、**可再劃分成定義明確、而且可行的任務**：學習刀工的目標可以拆解成正確拿刀、磨刀、削皮、切片、切丁、切塊、剁碎等任務。

三、**有相對較短的固定完成期限**（不到一個月就能完成，最理想的情況是一到兩星期）：一星期練習做

幾次沙拉、熟悉簡單的蔬菜湯做法，就能快速提
升你的刀工。

遵循以上三大原則，就能讓你的衝刺目標聚焦，而且
可化為行動、可被管理。如果設計正確，你就很難找到藉
口拖延衝刺目標。如果某項衝刺目標需要一個月以上的時
間才能完成，就應該再拆解成兩個更短期的衝刺目標。

**關鍵在於，放心投入你感到好奇的事物，
然後進行小規模、短期的測試，不浪費任何時間。**

腦力激盪

拆解目標之前，得先了解目標。現在，你已經選定自
己的目標，並在子彈筆記上建立群組，現在利用第一個跨
頁的空間，思考你的目標內容以及原因。深入挖掘自己的
想法，探索自己的內心。腦海浮現任何想法，立即寫下來。
完成這個流程之後，就可以準備好正式上路。你的「學習
烹飪」目標，腦力激盪的頁面可能看起來會像這樣：

一、這個目標激起了我哪些好奇？

我一直好奇，食物如何從超市的食材，變成盤中美味又營養的餐點。到底中間發生了什麼事？

二、什麼讓我有動力，想投入時間和精力學習烹飪？

我大部分時候都是買外帶或是調理食品，我知道這是最不健康的飲食方式。最近我的體重有些增加，我希望可以控制熱量。

三、我想要達成什麼？

學會烹飪之後，不僅可以省錢、吃得更健康，而且希望可以減重。我也想邀請朋友或約會對象在家吃飯，而不用擔心會搞砸。

四、需要具備哪些條件？

學習基本的食物準備技巧、基本烹飪技巧、自己吃的簡單必學食譜、幾樣符合大眾口味的餐點，例如辣味肉豆、湯或漢堡。

五、怎樣才算達成目標？

減少購買外食與調理食品、飲食更健康、可以邀請朋友來家裡吃飯

當你腦力激盪完上述問題之後，對目標的理解就更清楚，包括目標的範疇、里程碑以及它為什麼對你重要。

現在開始拆解成數個衝刺目標。每一個衝刺目標可以寫在子彈筆記的「次要群組」裡（第 129 頁）。下一步，將每個衝刺目標拆解成不同的任務。

當你列出任務之後，開始思考每個衝刺目標需要多少時間。如果你曾有幸與外部單位合作，原則是一樣的：預估好時間之後，再乘以三。有進度比速度快還要重要。如果某項任務比預計提早完成，那很棒！比預期時間要快完成並沒有錯（只要你不是專注於速度）。我們想要避免的是落後。一旦進度落後，就會讓我們的快樂／痛苦天平朝向痛苦那一方傾斜，想要堅持下去會變得更加困難。如果你有時間，就應該好好善用。如果沒有，就要縮小衝刺目標的規模。

規劃好衝刺目標之後，在你選定的日曆頁寫上衝刺目標，標明任務完成的確切時間。現在你已經知道專案何時開始、需要花多久時間、什麼時候執行、何時結束。

任何目標如果完成時間愈長，就愈會削弱我們的動力。一旦動力消耗殆盡，就很難達成目標。衝刺目標可以幫助你減少負擔，定期看到自己有所進展而感到滿足。你對於專案的情緒感受，是決定你能否成功達成目標的重要

因素，尤其是你個人的專案，因為此時你身邊沒有團隊或老闆督促你的進度。進步可以產生動能；動能可以幫助你培養耐性。

　　居住在瑞典的作家奧洛佛 · 魏馬克（Olvo Wimark）認為，他陷入憂鬱症的原因之一是，他總感覺任務清單上的項目數量一直沒有減少過。原本他使用應用程式，每次完成一件事時，就會自動從清單刪除一項任務。有一天，因為電腦當機，他只好使用傳統的打字機，沒想到事情卻開始有了轉機，「我發現自己不再像以前那樣在意打錯字。因為我無法重新編輯已經寫好的文字，只能容忍錯字的存在，否則就得整頁重寫。沒想到卻因此文思泉湧。更讓我驚訝的是，每到傍晚，我發現打字機旁已經堆了一疊寫好的文字。我又再度因為自己有些成就而感到高興。」同樣地，他說道，「子彈筆記非常具體。每當你打開筆記加上新的符號時，就可明顯看到自己的進步，日後還可時時回頭檢視。」他在用了多年的鋼筆加進藍灰色墨水之後，便開始埋頭寫子彈筆記。「在舊系統中仍未完成的任務，都已經一一被轉移、排定好時間、開始執行或是直接被忽略。」

　　將大型目標拆解成衝刺目標，同時具備了損害控管（damage control）的作用。也許某個衝刺目標無法執行。你發現自己其實不適合這件事，或是你碰到妨礙執行的資訊或情境。如果事先規劃妥當，直接刪除這個衝刺目標並不

傳統目標／階段模式

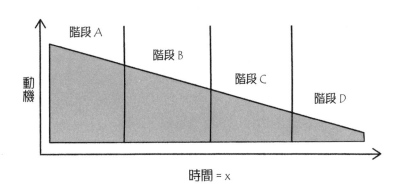

衝刺模式

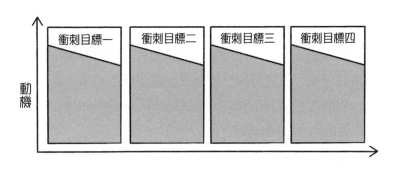

會影響你執行其他相關的衝刺目標。最糟的情況不過就是重新調整排程而已。

不論成功與否，衝刺目標提供你反思的空間。除了每日反思（第 165 頁）——除了日誌之外，也可應用在你的專案——每完成一個衝刺目標，就有機會暫停一下，反思獲得的體驗。例如：

一、我因此看出自己有哪些優點、缺點？

二、哪些行得通、哪些行不通？

三、下次我可以如何做得更好？

四、我的生活因此增加了什麼樣的價值？

也許你發現，根據過程中學到的教訓，有必要重新調整你的主要目標。這樣很好！假設你發現，你只是想要做義大利料理，或是你只想為一群人下廚，或是你更有興趣種食材而不是烹飪。無論何種情況，這些體悟都可以幫助你重新設定目標，更有效地安排你的時間和精力。在過程中進行修正，代表你找到了另一件更有意義的事情，這就是重點所在。將之前執行衝刺目標時學到的經驗，應用到下一個衝刺目標。這種自我持續循環可以促使你專注在真正重要的事，並持續成長。

小步驟

SMALL STEPS

　　我有三個朋友，他們之間有三個共同點：有一份摧殘靈魂的辦公室工作、熱愛瑜珈、Instagram 上滿是美景與美食的玩樂照片。你知道的：白色海岸種滿茂密的棕櫚樹，另一邊則是湛藍海水。帥哥美女們微笑著喝著椰子雞尾酒，圍坐在海灘營火旁。

　　第一位，我們姑且叫她凱倫（Karen）。她辭去工作，變賣所有家當，搬到哥斯大黎加當瑜珈老師。一年之後又回去上班。為什麼？她說不喜歡只能在度假村教觀光客瑜珈。她想四處旅行，體驗在地文化。但她事先不知道，當地人根本負擔不起瑜珈課的費用，而且邊旅行邊工作，也

破壞了旅行的樂趣。同樣都是苦差事，只是哥斯大黎加氣
候更為宜人，卻遠離了她所愛的人們。

第二位，我們叫她瑞秋（Rachel）。她同樣辭掉工作，
在景色優美的海邊度假村擔任瑜珈老師。一年之後，她又
回到辦公室工作。原因何在？她發現，教瑜珈反而因此失
去了對瑜珈的樂趣。她曾經視為珍貴的避難所，如今成了
一份工作——而且極度耗費體能。

最後一位，我們叫她莉亞（Leigh）。她在十年前辭掉工
作，就再也沒有回頭。她在世界各地教瑜珈。她的經歷為什
麼和另外兩個人不同？她是從小範圍的嘗試開始。一開始，
她一星期教一堂瑜珈課，時間排在週末，平常仍繼續朝九
晚五的工作。她熱愛旅遊，所以利用休假時間嘗試在不同
度假村教一兩星期的瑜珈課。她並沒有特別喜歡這種模式，
但是對她來說也沒什麼損失，反而能得到寶貴的知識。下
一步，她開始嘗試在度假中心擔任客座瑜珈老師。太好了，
她很喜歡度假酒店，空間隱密、課程有趣、而且有足夠的
收入。這段經歷讓她更清楚，如果要在度假中心擔任瑜珈老
師，還可以如何做出改進。她開始組織自己的在地度假中
心。當上課人數愈來愈多，就搬到更接近熱帶的地方。一切
進展得相當順利。莉亞並沒有在一開始就將她原本的生活連
根拔起，而是採取系統化的方式達到她的目標。她用耐心和
好奇心面對改變，一次解決一個難題。這種探索式的解決方
法讓她成功轉換生涯跑道，並能持續維持新的生活型態。

改變是創造生產力和成長不可或缺的因素——不論是個人生活、專業工作或其他層面。它可以是促進環境改變的強大助力，但也可能產生反作用力。劇烈的改變會引發恐懼。我們愈是害怕，就愈需要讓自己保持鎮定。原本有許多可創造生產力的動作或行為，最後卻什麼事也做不成。原本我們相信一切都有可能，但隨後便從峰頂跌落至陰暗的谷底，自此之後我們覺得沒有一件事是可能的。

我們要如何持續地發動改變，又不致於讓自己因為壓力過大而放棄？在日本，有一種概念名為「改善」（kaizen）。「改」（kai）代表「改變」，zen 代表「善」——指的是「好的改變」。另一種翻譯也許更精確：「持續改進」。

西方討論到進步時，最愛使用的關鍵字是「破壞」（disruption）。不同的是，「改善」強調的是找出逐步改進的機會。以提出小問題的方式解決問題，例如：**我們可以改變哪些小事，改善整體情況？下一次哪件事可以做得更好？**這是非常有效的方法，幫助我們找出做得到的改進機會，更容易持續進步。

雖然「改善」的概念源自於日本汽車產業改進生產品質和企業文化，但同樣適用於所有事物。如果應用到日常生活，「改善」可以成為重要的改變觸媒。它促使我們從小地方開始，幫助我們在啟動改變的同時，又能避免壓力過大、不堪負荷。我們要做的就是一次解決一個小問題。每

一次的解決方法來自於之前解決問題學到的經驗，這些小改變迅速累積，時間久了便能產生大規模的改變。

實踐

提出小問題

在「目標」那一章（第 185 頁），我們討論了如何將目標拆解成獨立的衝刺目標。這些衝刺目標又可進一步被拆解成可行的步驟，也就是任務。依據自己的好奇心建立任務，而不是強迫自己或是給自己下最後通牒。「減重！」和「我可以從我的飲食當中減少哪樣不健康的食物？」，這兩者是不一樣的。

我們的心智善於回答問題，我們是天生的問題解決者。你可以問自己以下問題，引發好奇心、刺激想像力：

- 我想做什麼？
- 為什麼我想做這件事？
- 我可以立即開始做哪些小規模行動？

問題不能太大，才能讓後續的任務規模限縮在可被管理的範圍。任務愈困難，愈需要花力氣，而且愈容易被拖延。盡可能讓自己以最省力的方式完成任務。如果你的專

案陷入停滯，也可採用這項技巧，讓專案持續進行。問自己幾個問題，例如：

– 我現在可以採取哪些小行動，讓自己前進？
– 我現在可以立即改善什麼？

改進的做法可能很簡單，例如在網路上搜尋相關的資訊、向知識淵博的朋友或同事問幾個問題、重新修正你的衝刺目標、在筆記本上寫下長篇日記、記錄自己學到的教訓。挑戰自己，發現可以逐步改進的機會，進而找到出路。這是訓練自己變得更積極主動的簡單方法。

這項技巧最有效的功能是用來解決問題。子彈筆記法也不是一天就發展成熟的方法學，它是藉由一次解決一個難題，逐步累積而成的。過去幾年的測試，讓我發現多數的解決方法行不通，但是我並不會將這些努力視為失敗。這些失敗的嘗試教會我新的東西，刺激我想出更好的解決方法。借用索忍尼辛（Aleksandr Solzhenitsyn）的名言：「如果一個人夠誠實勇於認錯，並願意從中學習，錯誤將會成為偉大的老師。」

面對難題時，先後退一步拆解難題，問自己以下的小問題：

– 哪些確定是不可行的？

- 為什麼不可行？
- 下次我可以改進哪些小地方？

不論在過程中遭遇什麼樣的阻礙或挑戰，都要拿出好奇心去面對。擁抱這些難題、好好分析，提出小問題。不要害怕或不好意思開口問。如同美國天文學家卡爾‧薩根（Carl Sagan）所說：「有天真的問題、無趣的問題、措辭不宜的問題、不當的自我批評之後提出的問題。但是你提出的每個問題都是一次對外的呼喊，目的是為了理解這世界。這世上沒有所謂的蠢問題。」[40]

反覆

常常我們找到的答案並不是正確的，所以需要檢驗。愛迪生曾說：「我沒有失敗，我只是發現了一萬種不可行的方法。」失敗有其益處與效用，如果將它視為一種學習，它就能幫助你成長。不要將失敗視為終點，應該重新將失敗定義為發揮創造力的重要過程，是達到成功不可或缺的先決條件。例如，戴森吸塵器的發明人詹姆斯‧戴森（James Dyson）測試了五千一百二十六種原型機之後，才創造出他想要的成果。現在他的身價超過四十億美元。[41]

愛迪生、戴森以及其他許多和他們一樣的人願意擁抱失敗，主動重新應用他們學到的教訓。「失敗」促使他們有機會一再修正自己的想法，直到找出可行的解決方案。

這就是促成「改善」的反覆迴圈（iterative cycle）。

「反覆」聽起來似乎比字面上顯示的要複雜許多。你只要問自己一個小問題，例如：我可以改變哪件小事，讓情況變得更好？這時你已經開始了所謂的「戴明迴圈」（Deming Cycle），這是以「改善」之父愛德華・戴明（Edwards Deming）命名。[42] 戴明迴圈列出了持續改進的四階段架構：「計畫（Plan）—執行（Do）—查核（Check）—處置（Act）」。以下我們一一說明。

一、**計畫**：找出契機，開始計畫改變
二、**執行**：執行計畫，測試改變
三、**查核**：分析結果，總結學到的教訓
四、**處置**：根據你學到的教訓採取行動。如果改變不可行，重新回到計畫，重複相同的流程。如果成功，根據學到的教訓，擬定新的改進行動。然後重複整個流程。

現在，你可以在子彈筆記裡運用這個方法。每天都可以完成一次反覆迴圈。最直接的做法就是在 AM 反思期間（第 165 頁）開始計畫，用接下來的時間執行，然後在 PM 反思期間進行查核與處置。

當然，如同子彈筆記的其他元素，反覆迴圈的應用方式也不只一種。你可以在任何時候使用反覆迴圈 —— 每

每日排程

時間	事項	流程
7		
8	AM 反思	計畫
9		
10	優先事項	
11		
12		
1	午餐	
2		
3		執行
4	任務	
5		
6		
7	晚餐	
8		
9	個人優先事項	
10		
11	PM 反思	查核 處置
12		

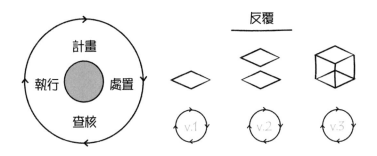

天、每週、甚至在每月轉移時（第 136 頁）。重要的是把這套方法納入生活中。

要提高生產力，其中很重要的因素是保持「一致性」。如果你不再執著於飛快地加速工作，便能專注於流程。放棄超人意志力，才能長久持續。

更好的生活

看起來這不是一件容易的事，特別是在你情緒低落、陷入困境、不堪負荷時候。你告訴自己，你現在沒錢、沒精力、沒時間、沒有意志力追求專業目標，更別說個人目標了。你說的可能都是真的，但即便在最谷底，你依然有選擇。

你可以選擇只看到自己做不到的各種理由，也可以尋找能創造小改變的方法。如果你不滿意現在的生活，那麼**不妨問你自己：明天我可以做哪件小事，讓我的生活好過**

一些？也許是打電話給一位朋友、趁天氣好的時候提早幾分鐘出門，上班時選一條景色優美的路、或是清理堆滿衣服的椅子。再次強調，我們的目的是尋求任何成功的可能，不論是多麼小的成功。設定很低的目標，你就一定做得到，也可以將它化為任務記錄在子彈筆記裡。

明天再問自己相同的問題。找出可以讓生活變更好的某件事或任何事。你昨天打電話給朋友時突然想起另一位朋友的名字，不妨聯絡他；上班時選擇了景色優美的那條路，途中發現了一家有趣的店，不如去嚐嚐他們的咖啡；重新整理衣櫃裡其中一格抽屜。

每天做一點，持續一個月，並記錄在子彈筆記本裡。不知不覺間，你已經與在乎的人重新有了聯繫、發現有趣的新去處、回到更整潔的家。你已經離理想的自己又更接近一點。提出小問題、採取小行動，可以為你的生活帶來顯著的正面影響。隨著問題與任務的累積，便能一步一腳印地持續改進、創造正向的改變。

讓你生活變更好的二十八件事

22	23	24	25	26	27	28	第四週
15	16	17	18	19	20	21	第三週
8	9	10	11	12	13	14	第二週
1	2	3	4	5	6	7	第一週

時　間

TIME

「最終，重要的不是你的人生活了多少歲月，
而是你如何度過這些歲月。」
—— 亞伯拉罕・林肯（Abraham Lincoln）

　　每當有人要求愛因斯坦說明相對論的概念時，他總是說：「當一名男子和一位美女坐在一起，一小時就像一分鐘那樣短促。但如果讓這名男子坐在火爐上，一分鐘感覺比一小時還要漫長。這就是相對論。」[43] 換句話說，我們對於時間的認知，取決於我們所做之事。

　　只要想想，我們現在對於時間的認知跟小時候有何不同？小時候，一小時的車程像是永遠。我們到了嗎？年紀愈大，我們對於時間的流逝愈不敏銳，對於如何花費時間也愈來愈漫不經心。我們不停地追逐一個又一個的期限、一個又一個的目標，時間飛逝，特別是忙碌的時候。因為

我們對於時間的體驗是相對的，所以很容易忘了時間是有限的資源。在我們察覺之前，已經沒有時間了。雖然我們不可能創造更多時間，但是我們可以提升時間的品質。

我們不能「創造時間」，只能「利用時間」。

時間品質無法用精確的科學衡量，但其中有項關鍵指標就是「影響力」（impact）。你有多常整天坐在桌前，卻什麼事也沒做？相反地，有時候你只是坐幾個小時，卻一口氣完成了原本需要好幾天才能做完的工作。這與你擁有多少時間無關，而是你投入多少注意力在當下。維持注意力是困難的，我們的心智是不稱職的時光旅人，容易迷失在過去和未來。我們有多常發現自己執著於已無法改變的事情或擔憂我們無法預測的事情？我們耗費大半精力和時間，卻沒將它們投注在唯一可以創造改變的地方：當下。

我們度過的時間品質如何，
取決於我們是否有能力活在當下。

我們的注意力是一道光譜。光譜的一端是引發我們反感的事物，例如去車輛管理局；另一端則是所謂的「心流」

（flow）狀態，在這種狀態下我們最專注、也能達到最大影響力。

匈牙利心理學家米哈里‧契克森特米海伊（Mihaly Csikszentmihalyi）博士首次提出「心流」的概念，他畢生致力於研究人為什麼會快樂。研究期間，他訪問了各行各業人士，包括畫家、詩人、科學家。所有人都提到了一種理想的心理狀態：工作本身似乎擁有了自己的生命。有些人形容自己處在一種狂喜（ecstasy）狀態。「狂喜」的英文字根源自於希臘文 ekstasis，意思是「超脫自己之外」。契克森特米海伊認為，這是因為人們的心智沈浸於某項任務時，

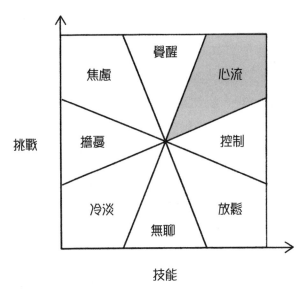

根據契克森特米海伊博士的研究。

會暫時忘記自我的存在。[44] 當我們全心投入某件事時，便是進入了心流的狀態。在這種狀態之下，我們完全專注於當下，進而激發出豐沛的生產力和創意。所以，有可能創造心流嗎？心流，就如同快樂，是無法被強迫的。但是，我們可以策略性地運用時間，創造有助於引發心流狀態的環境條件。

實踐

時間箱（time boxing）

無論你多有意識的過生活，或許仍得承擔一些不那麼讓人喜歡的責任。沒有人例外。有些責任看起來似乎很困難，讓人害怕卻步（與另一半促膝深談、和老闆談加薪、簡報）；有些可能太簡單，讓人覺得乏味（打掃房子、付帳單、例行公事）。我們通常會盡可能地拖延這兩種類型的工作。當然，他們並不會就此消失，而是像時間炸彈一樣，在我們的任務清單上持續倒數計時。我們拖延愈久，它們就愈有可能變成優先事項。所以這些煩人的任務，例如付帳單，最後往往會演變成緊急事件：繳交罰款、帳戶餘額見底、財務出問題。這些緊急狀況耗費你的精力與時間，卻一點都不值得。

我們可以運用時間箱的方法，有效安排這些煩人的工

作。顧名思義，時間箱把每個活動都排定在某個時間區間。
目的是為了讓你在特定的時間區段內專注在某件事上，將
全數注意力投注其中。

時間箱的兩項重要元素：結構和緊急程度，

有助於激發動力，完成被拖延的任務。

如果你一天只有三十分鐘的時間複習考試內容，你一
定會好好利用這三十分鐘。你不會白白浪費這三十分鐘。
你一定會讓整個過程變得可以忍受，不至於不耐煩（謝天
謝地，這件事不會拖太久）；或是讓它變得簡單，不至於讓
你感到有壓力（這我做得到！），但同時又具備一定的挑戰
性（好吧，花三十分鐘想想該怎麼做。布萊恩，我們可以
的，開始吧！）

假設，你要在一個月內完成報稅。與其拖到最後一刻
才發現，還有一堆先前沒想到的事情要處理，你可以將報
稅任務拆分成不同的時間區間。例如：

- 區間 1～2：星期天晚上八點半～九點──蒐集資
  料。
- 區間 3～6：星期一、三、日晚上八點半～九點──
  將資料整理成試算表

　－　區間7：星期二早上八點半～九點——資料整理完成，提交報稅檔案
　－　區間8：星期四（最後一天）晚上八點半～九點——提供額外的資訊

　　創造心流狀態的關鍵在於，在任務的難度與你的技能之間取得平衡。如果你缺乏某項任務需要的技能，很快便會感到焦慮和壓力。時間箱的做法一方面拆解任務，同時在過程中提升你的技能。時間久了，就可以降低任務的難度。另一方面，如果某項任務只需要花少許力氣或是完全不需要，我們對這項任務的投入也會降低。在這種情況下，可以用時間箱產生急迫感，增加任務的挑戰性。

排程：不要拖延，而是放在第一位

　　一天當中，我們的注意力時間會逐漸縮減。因此，什麼時候做某件事，會影響我們做這件事的成果表現。如果你發現自己一直在拖延某件事，代表這件事你一定要完成。拖延就代表這是你的清單裡最具挑戰性的任務，因為它讓你擔憂或是完全不感興趣。這時候就應該把它放在第一位。

　　我完全能理解，你不想在一天的開始，就去做你不感興趣或是沒動力完成的事情。但是，最合理的做法就是盡快解決這件事。它是你鞋裡的一顆石頭。在它造成任何麻

煩之前,先將它剔除。如果在一天的開始,選擇先做容易
的工作,就是拖延。相反地,如果一開始就先解決麻煩
事,接下來的時間就會感覺輕鬆許多。就好比扛著重物跑
步,一旦卸下重物,就會感覺輕盈許多、也變得更強壯。

顛倒任務完成順序的另一個好處在於,你是朝著自己
最有興趣的事物逐步接近。一天當中如果某件你所期待的
事情就在不遠的前方,更能維持你的專注力與動力。我們
每個人的生理時鐘各有不同。有些人到了晚上比較有活力。
重點在於,找出什麼時候你的專注力最高、最有生產力,
然後根據自己的生理時鐘做規劃。

記得你終將一死

距離我最後一次和祖父聊天,已經一年了。當時我知
道他的健康每況愈下,所以在子彈筆記上寫下「打電話給
祖父」。但是我還來不及打電話,他便離開了人世。我認識
的每一個人幾乎都有過類似的故事、有過類似的悔恨。死
亡是最痛心的提醒,讓我們領悟時間的珍貴。

羅馬人有個說法:「memento mori」,意思是「記得你
終將一死」。傳說將軍們打了勝仗凱旋而歸,上街遊行大肆
慶祝,就會有位僕人不斷在他們耳邊重複說著這句話,希
望他們保持謙虛與專注。

　　所有生命都逃不過死亡，這是我們終將明白的少數真理。然而在西方，我們總是將生命的無常妖魔化。我們將死亡擬人化為死神，將它視為面目猙獰的可怕敵人，隱身在陰暗處，伺機奪取我們擁有的一切。這種引發恐懼的觀念使得我們在面對不可避免的事實時，想法過度單一片面。其實不需要如此。擁抱無常的現實，才能讓我們擁有的有限時間變得更有價值。

　　想一下你最愛的食物，假設是披薩。有一天你被告知，你這一生可以再享用披薩八十七次。你會因此討厭、逃避和害怕披薩嗎？披薩會讓你不開心嗎？錯，事實可能正好相反。當你知道機會有限，就更能用心體會並專注於當下，以過去未曾有過的感激，好好享用每一口。

　　心平氣和地提醒自己，你、難以忍受的同事、你的寵物、你的愛人、你的兄弟姐妹、你的父母終將走向死亡，這樣的認知能徹底改進你與他們的互動。你會更有同理心、懂得體諒、有耐心、表現得親切、以及心存感激。最重要的，當你更專注於當下，更能提升時間品質。

　　羅馬皇帝、同時也是斯多葛派哲學家的馬可‧奧里略（Marcus Aurelius）曾說：「現在就對生命放手。讓生命決定你要做什麼、說什麼、思考什麼。」[45] 如果你遵循這些指示，生命會如何改變？所有事仍維持不變嗎？你的行為會有哪些不同？你說的話會有哪些不同？用這種方式思考，

能讓事情變得更清晰或是激發出新的觀點嗎？真正的問題在於：為什麼我不開始這麼做？畢竟，這才是我們生存的現實。

我們無法掌控未來，但是在我們有選擇的時候，必須保持警覺，決定讓哪些事物佔據我們的時間，因為我們沒有多餘的生命可以浪費。在轉移時，問自己「哪些是必須要做的」以及「哪些是重要的」，將那些讓我們分心的事物排除在生命之外。有時候我們很難回答這些問題。所以，在進行反思時，別忘了生命無常，提醒自己哪些珍貴的東西正在流失，如此才能真正看清全貌。謹記自己終將一死，才不會忘記要好好善用活著的時間。

感 恩

GRATITUDE

「生命如此微妙，有時你根本沒發現
自己正在走過先前祈禱能開啟的一道門。」
—— 美國作家與記者
布里安娜・威斯特（Brianna Wiest）

　　大衛・林區（David Lynch）執導的《雙峰》（*Twin Peaks*），其中一幕是聯邦調查局探員戴爾・庫柏（Dale Cooper）以及警長哈利・楚門（Harry S. Truman）走進裝潢別緻的 RR 餐廳，庫柏探員拍著楚門警長的胸脯，笑著說：「告訴你一個小祕密。每天一次，送給自己一份禮物。」禮物是什麼？兩杯「香醇溫熱的黑咖啡。」

　　這一幕特別讓人感動。身處於價值扭曲、暴力橫行、神智錯亂的林區式世界，庫柏找到方法為自己的生命注入些許光亮。

他珍視生命中的美好。他喜歡這家餐廳，喜歡這裡的黑咖啡，他讓自己在此休息片刻，全然享受其中。雖然他說，這是他的祕密，但我相信這個被忽略的技巧，每個人都可以用。

冥想時，我們被教導要專注於當下。例如，當我們洗碗、刷牙、或是排隊等待結帳時，我們要活在當下，全心全意專注於眼前的活動。一般人常誤以為，冥想就是排除所有的思緒。事實上並非如此，心念幫助於我們與自己的想法保持距離。我的老師用了很好理解的比喻來解釋：如果想法是一輛車，那麼冥想可以幫助我們將車停靠在路旁，而不是困在阻塞的車陣中。

在現實生活中，我們很容易就受困在擁擠的車陣中，然後匆匆駛離，錯過最重要的時刻。最明顯的例子就是我們對於成就的偏執。成就是衡量生產力的具體指標，但什麼是衡量成就的具體指標？換句話說，為什麼成就是重要的？為了飛黃騰達？為了自我成長？或許是吧。但除非我們願意花時間檢視自己的努力所產生的影響，否則我們永遠不會知道答案。雖然你全速前進，但不代表你是朝向正確的方向。

下次當你劃掉子彈筆記裡的某項任務時，請先緩一緩。暫停一下，反思你完成某項任務之後產生哪些影響？感覺如何？如果你覺得無感 —— 或者只是覺得鬆了一口氣 —— 那麼就代表你費盡心力完成的任務，可能並沒有為

你的生活創造太多價值。這是很重要的觀察。如果你有感受到些許的快樂、驕傲、肯定或成就感，就代表這件事有價值。給自己一些時間，欣賞並認可自己的成就，因為這項成就必定告訴了你某件事。如果你連自己都不欣賞自己的成就，那麼這一切又有何意義？

你的成就可以豐富你的生活，成為你的指引。但前提是我們必須花時間對這些成就心懷感謝。

實踐

慶祝

你的子彈筆記條列了任務清單。一旦完成任務，就變成你的成就。當你要刪除已完成的任務之前，給自己一個機會，肯定自己的成就。如果這項成就帶來些許的正面影響，就該慶祝一番！如果是重大的成就，例如完成重要的里程碑或長期目標，就要好好計劃慶祝活動，邀請相關的人參與，或是自己一個人慶祝。如果是中型成就，也許可以打電話給朋友或是比平常早一天下班。如果是小型成就，那麼就給自己一個微笑！彈指！為自己打氣！大聲宣告：「完成！」盡情享受多巴胺釋放所帶來的快樂感。慶祝任務達成不僅是為了稱讚自己，同時也是訓練自己辨別能夠創造正向能量的時刻，未來才有能力發現並享受更多帶給你正能量的時刻。

　　慶祝小成就可以大幅改善我們的自我認知與態度。我們總是花很長時間思索自己做錯了哪些事，卻沒有意識到、甚至忽略自己做對了哪些事。慶祝已達成的成就，才能使我們肯定自己的能力，見證我們確實做出了貢獻。我們不再像過去那樣總是想著：「我什麼時候才有辦法做完這件事？」我們的態度變成：「看看我完成了這些任務！我做到了！」原本害怕失敗的情緒會逐步消褪。這不是自我安慰，而是透過有目的的方法，激發動能、樂觀的情緒與復原力。我們容易忘記美好的事物，特別是在情緒低落時。在你的日誌裡將達成成就的時刻記錄為「事件」，或是記在月誌或是感恩群組都可以。

表達感恩

　　研究顯示，每當我們面臨一次負面評論時，就需要五次的稱讚才能平衡。原因是我們對於負面事件的記憶比起正面事件要深刻許多。表達感恩——定期整理感恩清單的簡單程序——可以促使你意識到生活中發生的正面事件，有效地平衡你的負面偏見。[46]

　　研究已證實，表達感恩有助於改善人際關係、身心健康，強化同理心、自尊，並降低攻擊性——還有其他諸多好處。[47] 我認為表達感恩可以幫助我們持續與生命進行對話，讓生命長期保有生產力。接下來我們列出兩個範例，示範如何將感恩實踐加入子彈筆記之中。

一、在 PM 反思時間（第 167 頁），在日誌（第 111 頁）
　　寫下超過一件你要感謝的事情。試著每天寫。

二、建立「感恩」群組（記得加到索引）。同樣地，
　　至少寫下一件你要感謝的事情。試著每天做。如
　　果你非常願意做這件事，就能想出更有創意的方
　　法，抓住令人快樂的時刻（第 22 頁）。

　　可能過沒多久你會發現，好像沒什麼要感謝的事情，
例如健康、家庭、家人、朋友、狗等等。訣竅就在於避免
重複寫下先前已經寫過的事情。這正是樂趣所在。當我們
用完庫存的答案，就會開始更深入挖掘日常的經驗，尋求
可用的素材。這會讓我們更加專注於當下。當你主動檢視
自己的經驗、尋找曾發生的正面事件時，就更容易發現它
們，表達對它們的感謝。改寫本篤修會修士斯坦爾德－拉
斯特曾說過的話──不可能感謝所有的事情，但是可以隨
時心懷感謝。[48]

　　即使某些時候事情似乎毫無進展，表達感恩能幫助你
找出值得感謝的事情──不論是對你伸出援手的同事、幫
你開門的陌生人、一道美味的餐點、找到接近入口的停車
位。表達感恩讓你意識到那些帶給你生活愉悅的事物。每
一天一次，送自己一份禮物，享受生命中的美好。

Gratitude

the rain gave me a break!

Mark

POSITIVE ♡ COMMENTS

lisa AND bonnie!

#OMIMBJ

analog tools

Peloton

TAKING A ME DAY!

FEELING healthy

long hot baths

NAPS

REST

CREATIVE TIME

Cream Ridge Veterinary Clinic

ENERGY

baby fever

PUPPY SNUGGLES

hubby

SUNNY DAYS

TACOS!

BELLA ♡

getting BACK TO normal

being self-employed

控 制

CONTROL

「上帝，請賜予我平靜，能接受我無法改變的事；
請賜予我勇氣，去改變我能改變的事；
請賜予我智慧，分辨兩者的差異。」
——美國神學家雷因霍爾德‧尼布爾
（Reinhold Niebuhr）

　　所有事情都會改變，這是不變的真理。一方面，我們害怕變得更糟。我們投入大量精神與時間，更不用說很多的錢，試圖想預防或是扭轉負面的改變，像是失去工作、地位、安全保障、健康，或是一段關係。我們也投入很多力氣想創造正面的改變，改善教育、外表、能力、或是其他成長。兩方面來說，我們都浪費了很多力氣，因為我們試圖控制我們無法改變的事物。要知道什麼是我們有能力改變的，首先要認識我們能控制的到底是哪些事。

　　了解我們所能掌控的範疇，正是斯多葛派哲學的核心，這個古老的哲學學派試圖定義如何過著幸福的生活。

其中有一個重點：認清哪些是我們不能控制的。

　　根據斯多葛學派，我們不可能控制周遭的世界以及生存在這世上的人們。如果不願接受這項事實，就會做出無謂的反抗，最終導致災難性後果與損失。例如，當我們尋求他人對於我們努力的成果給予認可或肯定時、卻又得不到我們想要的，就會感到若有所失，或是憤怒、困惑。為什麼我們的感覺如此糟？因為我們對於自己無法掌控的事情有所期待。

　　如果我們以此觀點看待人生，許多事情便很清楚。不論你對一個人多麼友善，他們就是不喜歡你。你提供了很好的建議，朋友做的卻與你的建議相反。你不斷超時工作，最後還是沒獲得升遷。你打開心房，卻因此心碎。如果真要列出所有的案例，這份清單會永無止境。我們愈想要控制他人，我們的人生就愈枯竭。

　　如果我們無法控制周遭的世界，我們所擁有的只剩下自己的內在世界，對吧？的確，人類是情感複雜的生物。有人錯怪我們，我們必定會感到憤怒；面對失去，我們必定會感到傷痛。所以，我們也無法百分之百掌控自己。我們無法控制自己的感受、周遭的人們與事件。但是有件事我們可以控制，而且這件事具有強大的力量。

> 我們可以控制的，
> 是如何應對發生在我們身上的事情。

面對世上發生的各種意想不到的問題、周遭的人們以及我們自身的情緒，我們可以採取有目的性的行為做出回應。不論你的人生發生什麼事、不論事情有多糟，你都不可能完全掌控所有的體驗。我們總是有機會和自由可以決定如何行動。

電腦當機時，我就會用可怕的方式拿我的滑鼠和鍵盤出氣，就好比下雨時用力拍打水坑，徒勞地發洩情緒。開始使用子彈筆記之後，每當我因為某件瑣事而變得心煩氣躁之前，我會問自己「為什麼？」如果在高速公路上被別的車超車，我會問自己，為什麼要對我不能控制的事情發火？現在我會在和前一輛車之間保持遠一點的距離。

——子彈筆記使用者泰瑞・考夫曼（Trey Kauffman）

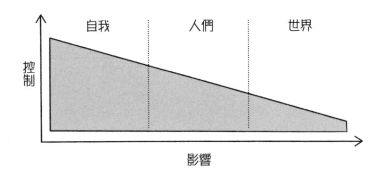

實踐

應對 vs. 反應

　　很多時候我們的反應是跟隨本能，而非思考過的行動，特別是當某個情境或某個人徹底引爆我們的負面情緒時。好比說，你的同事查德冒犯了你，你氣得像膨脹的河豚，想要保護自己。你可能會浪費大量時間想出各種理由證明，查德對於你、當下的情況、鞋子的選擇、以及人生，有錯誤的認知。更糟的是，你可能會大力反駁他，他也不甘示弱地回擊，如此不斷惡性循環，直到你們兩人都落入動物本能的反應。

　　我們總是浪費精力試圖「保護」自己，因為我們也有動物本能。當我們的動物本能被驅動，為了生存就得逃跑或是咬傷對方。這就是所謂的戰鬥或逃跑反應。我們歷經漫長歲月的演化，成為現在的我們，我們可以有其他的選

擇。我們可以做得更好。

你不需要把查德轟出窗外，你可以先深呼吸，而不要中了圈套，立即做出反應。讓當下緊張的氣氛自行退散。在每日反思期間，你可以在更為平穩的情緒狀態下檢視之前發生的一切。他為什麼這麼說、或是他做了什麼？他為什麼會說出那麼爭議的想法？你可以怎麼回應？善用你有空的時間，思考該怎麼做才是最好的應對方式。

從這些想法出發，在子彈筆記內開始以書信的形式，寫下你的回應。特別說明，這封信不一定是針對惹惱你的同事查德，而是為了讓你可以疏理自己的想法，讓身處負面情緒當下時，無法注意的那些機會與洞見，可以顯現出來。這個方法幫助我度過無數困難的情境與人際互動。首先，寫信給了你盡情抱怨的安全空間。可以把累積在腦中的不滿先宣洩出來。寫在紙上，也可以讓你注意到，自己是不是也有哪些地方太計較、不合理、或甚至不理性。這個過程之後，就可以幫助你校正想法，用較冷靜、待人著想的方式重新思考，想出有建設性的下一步。

例如，你可能會發現主要的問題是你不懂另一個人為什麼會有那些想法。透過寫下來龍去脈，可能可以看清楚一點。如果有機會再跟對方說話，試著真正把對方的話聽進去。你可能會意外發現對方其實有他的道理。可能他誤解了什麼事，如果換成對方的立場，你可能也會生氣。對

方反應不佳，不代表他就是錯的。同樣，你覺得被冒犯，
也不代表你就是有理的。

　　寫這封信的過程中，或許你會發現對方的行為根本就
不是針對自己。衝突當下，我們很容易忽略，對方的行為
可能反應了他內心的痛點。如果我們又以恐懼或是憤怒回
應，說不定會加深對方心裡的傷口，反而也傷害了自己，
以及兩人的關係，讓彼此都無法互相理解、一起進步。而
且整個過程，也是在浪費自己的精力跟時間。

過程 *vs.* 結果

　　馬克・吐溫（Mark Twain）曾寫道：「我這一生有太
多擔憂，但大部分都沒發生。」[49]憂慮會綁架我們的注意
力，特別是對於我們無法掌控的事情。我們動用龐大資源
設想各種可能結果，擬定緊急應變計畫，但其實只是更加
深我們的焦慮。針對我們無法掌控的情境模擬可能的解決
方案，或許會讓我們覺得很有生產力，但其實只是更強大
的一種分心。

焦慮會讓我們誤以為自己有在想辦法，
但其實無法助我們解決任何問題。

如同達賴喇嘛所說：「如果問題可以解決，就不需要擔憂；如果不能解決，擔憂也沒有任何益處。」[50]

在你每天的反思時間或是進行每月轉移時，瀏覽你的任務清單，找出哪些是你能控制的，哪些是你不能控制的。一個簡單的辨別方法，就是看你的任務是專注於結果還是流程：「‧提出令人驚艷的簡報」、「‧減重十磅」、「‧讀五本書」、或是「‧讓查德明白事理」，這些都是目標。目標提供你方向感，但是目標的結果卻是你無法完全掌控的。這是為什麼我們要把目標拆解成可行的步驟：「‧背誦簡報內容」、「‧星期天不喝汽水」、「‧空出閱讀時間」、「‧理解查德的顧慮」，這些都是你可以控制的事情。

接受有些事是我們無法掌控的，可以放手，這樣才能重新取回注意力，並將其投注在我們有能力控制的事情上。專心去做你真正能控制的事情，才有成功的可能。至於不能掌控的事情，就該選擇放手。更重要的是，我們對自我的要求，也僅能限於我們有能力掌控的部分。

放 射

RADIANCE

「當一個人改變自己的本性，
世界待他的態度也會隨之改變。」
—— 甘地（Mahatma Gandhi）

試想一位惹人厭的同事。雖然你對現在的工作很滿
意，但是當他們在背後說公司的壞話、抱怨自己的工作、
或是操弄人心得到他們想要的，你會有什麼感受？你會留
下不愉快的記憶，這記憶將持續跟隨著你。研究顯示，你
會不自覺得地在晚餐時，將這些負面的記憶轉述給你的另
一半聽，隔天你的另一半又再轉述給他的同事聽。[51]

就如同將石子投入湖中，我們的行為會在我們周遭世
界泛起陣陣漣漪。每個漣漪都會引動四周的水面，逐漸向
外擴散開來。例如，當你好心地幫某個人拉住門，可能會
激發他們為下一個人做出其他友善的舉動。如果沒有你的

行為，這些善意可能就不存在。同樣地，當你對某個人惡言相向，他們的伴侶、朋友或小孩可能會因為你的行為而受到波及。我喜歡將這種影響周遭世界的能力稱為「放射」（radiance）——也就是向外散發的影響力。

我們對外散發的影響力是正面或負面，取決於我們的內在感受。這是為什麼培養自我意識、而非自私，是非常重要的。如果我們依舊沒有意識到（或是不願）為自己的行為負起責任，例如負面思考或是憤怒，就會無可避免地將這些負面感受傳遞給其他人。你的批評言詞或行為將導致你身處的外部世界成為你內在世界的另一個翻版。如果你對某個專案缺乏熱情，也會消磨團隊其他成員的熱情。晚餐時你的另一半看到你情緒低落，於是選擇保持沈默，你低落的情緒又再度回到自己身上。

我並不是要你強迫自己變成活潑可愛的迪士尼卡通人物，永遠笑臉迎人，保持樂觀。相反地，我們有必要正視自己的缺點，強化自己的優點，因為我們並非孤單一人。培養自己的潛能，會為自己與他人創造價值，特別是與我們最親近的人。

雖然你無法掌控他人，但是你的行為仍會影響與你互動的人，他們也會將你的影響力持續傳遞下去。你所擁有的知識可以教導其他人。你的認真努力可以激發其他人。你的正向情緒可以鼓舞其他人。暢銷作家賽斯・高汀（Seth

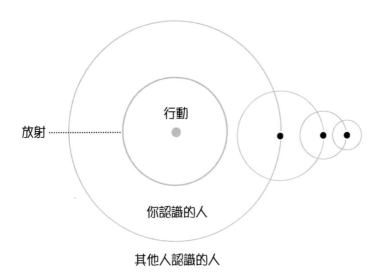

放射

行動

你認識的人

其他人認識的人

Godin）曾寫道：「你可以成為創造能量的人；或者是摧毀能量的人。」[52]

　　讓自己變得更好，也會影響他人變得更好——如果我們徹底發揮漣漪效果的無限潛能，再乘上所有願意讓自己變得更好的人數——就能讓世界變得更好。如果你不願意為了自己，那麼就算是為了其他希望讓自己變得更好的人們。如果你的人生目標是讓自己對其他人有用，可以先從如何讓你對自己有用開始。

實踐

善待自己

　　花點時間想想，哪位朋友現在正處於低潮。也許他們搞砸了工作，或是對某個人太過刻薄，或是被甩了。不論是何種情況，他們覺得自己糟透了。也許你很有耐心地坐在一旁，聽他們不斷自責，說自己有多差勁。

　　或許你會糾正他們扭曲的自我認知。你一一舉出他們做得好、做對的事情。你提醒他們，你有多在乎他們，而且每個人都有可能犯錯。你試著為他們找出可能的出路，因為你知道執迷於已知的失敗或是缺點，沒有任何助益。至少你一直聆聽他們說話。當我們在乎的人需要時，我們會很高興地提供支持與安慰。如果我們也把這份善意延伸到自己身上呢？

　　說比做容易，對吧？我們可以找出無數理由鞭打自己，特別是當我們缺乏安全感、情緒脆弱或陷入低潮時。但是，我們不該再這樣對待自己，而是像我們給予他人思慮清晰、又富有同情心的建議一般地善待自己。

練習善待自己，可以先自問：
這種情況下，我會對我的朋友說什麼？

問自己這個問題，可以打斷你內心充滿自責的獨白，把情緒轉換為解決問題模式。你能想像，如果一位飽受折磨的朋友向你求助，而你卻加重他的痛苦？你當然不會這麼做，因為你是他的好朋友，你在乎他。然而，長久以來我們竟是如此對待自己。

下次，當你發現自己又在為難自己時，假裝你要照顧一位需要幫助的朋友。你會提供什麼樣有耐心、富有同情心的建議給他，幫助他克服難題或是重新描述自己的情況？例如，如果他們搞砸了工作，很可能會開始質疑自己的能力、價值等等，完全否定自己。如果想要讓他們感覺好過些，一個簡單的方法就是提出證據，迫使他們質疑對自我的批評。如果你陷入自我批評的情緒，也可以運用同樣的方法幫助自己。

當我們犯錯時，內在的批評聲音會逐漸加大，而且很有說服力。不過幸運的是，我們手中握有強而有力的證據，證明這些自我批評是錯的，而且這些證據是我們自己親手寫下的。如果你有使用日誌，代表你已經清楚記錄了自己的成功、能力、友善和關愛等等，特別是如果你有建

立「感恩日誌」（第 223 頁）。不論你為了什麼事情怪罪自己，你都可以在子彈筆記內找到不容置疑的證據，證明你的自責是錯誤的。

當你情緒低落時，不妨翻閱你在反思時寫下的內容。讓你自己親眼目睹這些證據，並接受它們。或許有些困難，一開始你可能會懷疑，但試著在充滿負面批評的內在對話中，保留友善聲音的空間。當友善的聲音維持愈久，就愈有機會被聽到。隨著時間累積，你會願意相信它的存在。

相互改進

放射是一條雙向道。所以要留意你都跟什麼樣的人來往，因為他們也會影響你的行為。他們的優點和缺點會大幅影響你的行為模式。所以，我們必須謹慎選擇和誰建立關係，包括專業上和生活上。

翻閱你的子彈筆記，了解自己和哪些人相處在一起。你可能知道自己對這些人的感受是如何，但是你可曾想過，他們會對你產生什麼影響嗎？現在就開始記錄你和他人的互動情形。別擔心，不是要你追蹤自己的朋友；只是為了要讓你了解，朋友的行為舉止如何影響你。寫下你們在晚餐時、約會時或是回家碰面時的情形。你覺得有趣嗎？你學到什麼？多數時候你是坐在一旁聽他們重複說著

自己的問題嗎……？和他們相處時，你的感受如何？你可以快速寫下，例如：

- ◦ 和貝卡一起吃晚餐 @ 艾維麗娜餐廳
  - 談到未來志向
  - 想一起去葡萄牙旅行
  - 想一起主辦下一次的派對
  - 每次碰面之後，離開時都感覺充滿動力

　　一開始你可能覺得有些彆扭，但是藉由記錄和朋友之間的互動，你可以清楚表達過去不知道的事。你永遠不知道這些記錄會揭露什麼訊息。也許你心知肚明，這段關係猶如吸血鬼一般：相處總讓你疲憊不堪。或是，永遠只有你單方面付出：總是你打電話給對方，做好所有的事。相反地，也許你會發現，和某些人碰面之後都讓你有所啟發、心情更輕鬆、更有能量、思考更深刻、情緒更平靜。不論是何種情況，你愈來愈意識到，要用心管理自己的人際關係，包括什麼樣的關係值得你花時間經營。

　　充滿負面能量或是無法激發你動力的人，會妨礙你朝向有目的性的生活。盡量和能激發你靈感、能量，給予你建設性挑戰的人相處。問你自己：**我可以從他們身上學到什麼？他們是不是讓我的生命更美好？他們是否讓我想要成為更好的人？**

正如同極簡主義者約書亞 · 密爾本（Joshua Millburn）所說：「你無法改變身旁的人，但是你可以改變誰圍繞在你身旁。」[53] 你可以選擇和誰一起度過寶貴的時間。讓那些能激發你最好一面的人圍繞在你身旁。不是說他們必須永遠認同你或是義無反顧地支持你。不是的，而是要讓那些真正希望你成功的人與你作伴，即使他們可能會與你發生爭執、不同意你的觀點、告訴你哪裡做錯了或是不合理。我們必須時時刻刻檢視自己的人際關係，找到那些真正出於相互尊重、欣賞、與關愛，對你提出挑戰的人。

學習

要發揮自己對別人的影響力，最好的方法就是挑戰自己，迫使自己成長。要達到這個目的，就要刻意讓學習持續成為你的生活重心。有目的性地追求知識，可以幫助你深入這世界，運用你之前未曾想過或是不願採行的方法，探索這世界。

反思時，可以問自己：

- 我學到了什麼？
- ＿＿＿＿＿＿＿（情況或關係）讓我學到了哪些教訓或是激發我去學習？
- 我想要多了解什麼？我要如何開始學習？

　　不論是閱讀、上課、與信任的朋友或導師對話、或是豐富你的人生閱歷，這些學習經歷都應該成為計畫的一部分。運用子彈筆記本，找出能夠激發你想要更深入探索的事情。一旦你知道哪些事情會引起你的興趣，就開始設定目標（第 185 頁）。你可以採用跟子彈筆記本其他目標時相同的作法，去達成這些目標，以下也提供視覺化範例，告訴你如何直接運用這套方法，開啟你的學習之旅。

　　每當你又學會一樣東西，就能成為更有能力、更成熟、更獨立自主的人，就能為任何與你相處的人創造價值──並不是因為你為他們做了什麼，而是因為你所做的事讓自己散發光芒。

學習

『什麼』

我想要學習什麼？

建立群組，有什麼想法就寫下來。

『為什麼』

我首先想學什麼？為什麼？

挑選你最感到好奇的一件事，

並建立群組。

『如何做』

我要如何開始學習？

腦力激盪想到的各種可能作法。

問自己：我可以做哪一件小事，開始學習的流程？

也許你需要找時間進行研究。馬上開始吧。

忍耐力

ENDURANCE

「如果你知道為何而活，就能承受任何逆境。」
——尼采（Friedrich Nietzche）

我真的極度痛恨洗碗。我知道這很蠢。我曾試著讓洗碗變成是一種心念練習，讓自己清空，但還是沒用。小時候洗碗洗了很多年，因此長大後對洗碗這件事有非常不好的記憶。

當時我的另一半想要學烹飪。在她學烹飪期間，儘管我滿腹牢騷，每天晚上還是得清洗所有的廚房用具。天天重複上演同樣的戲碼。她一回到家，三兩下的功夫就將我前一天清理的成果徹底破壞，我的惡夢再度重新來過。

是的，我應該要感謝我可以吃到在家烹飪的飯菜，特

別是她辛苦工作了一整天之後還下廚做飯。但是一想到每餐飯後我就得犧牲空閒時間清理廚房，就很不滿。

直到有一天晚上我聽到她在唱歌，一切全然改觀。

女朋友開始學習烹飪時，正好處於一段低潮期。她個性活潑、有些傻氣，卻很有魅力。第一次見面我就被這樣的氣質所吸引，但是後來，那些迷人的特質卻愈來愈少見。我們之間的溝通仍相當緊密，但是面對她所經歷的難題，我卻完全幫不上忙，更讓我覺得挫折。畢竟，當我們所愛之人正在痛苦，我們最不希望的就是自己什麼也做不了。

有一天晚上吃晚餐前，我們的公寓房裡傳出一段優美的音樂，我立刻放下手邊的工作起身一探究竟。我不知道發生了什麼事，我們在一起之後，已經有好多年沒有聽過她唱歌。但現在，她竟然輕聲唱著歌，在瓦斯爐前搖擺著身子，準備我們的晚餐。

這一刻我突然驚醒。烹飪這件事和食物一點關係也沒有。這是她去除心中惡魔，同時向我證明她有多在乎我的一種方法。這是她能掌控的事情。那天晚上洗碗時，腦海一直浮現女朋友柔和的面容。我明白了，我必須幫她做的——也是我唯一能做的一件事，就是洗碗。

隨著時間過去，她的狀況愈來愈好。我開始期待她下

廚，她也開始逐漸回復往日的性格。事實上，晚餐時間成
了安全的庇護所，讓我們兩人有機會強化彼此的關係。有
問題需要討論時，其中一人就會為另一個人下廚。不論對
話內容有多麼困難，一定會有人做出這個愛的舉動，展現
對另一個人高度的尊重和關心，包括洗碗在內——這也是
她最不喜歡做的事情。沒有哪一件事比起兩人共同痛恨一
件事，更能增進兩人的關係。

　　從此之後，我有變得更愛洗碗嗎？並沒有，但我卻因
此認清這件事的重要性。原本我只是忍住脾氣，強迫自己
去做，如今這件事卻為我的生活創造了價值。什麼改變
了？並不是枯燥乏味的洗碗過程，真正改變的是我。這項
任務對我來說變得重要，我也試著更努力完成。有一天，
當我吃完這輩子最美味的一餐，正要開始洗碗，女朋友從
旁經過，親吻我的臉頰說：「謝謝你。我知道今天晚上有很
多東西要洗，而且你很討厭做這件事，但是這真的幫了我
很大的忙。你這麼做讓我感覺自己是被愛的。」

　　我喜歡思考該如何定義和找出真正重要的事情——真
正對我有意義的事情——而且我以為會需要有什麼戲劇化
的追尋。也許我應該整理好大背包，在天寒地凍的偏遠世
界角落穴居一段時間，才能找到人生的意義。但如今我知
道，在更接近家的地方，也能找到意義。

　　意義總會在最不引人注目、最不可測、最安靜的時刻

顯現。如果我無法仔細傾聽周遭世界以及內在世界，便有可能錯過它——平凡中的美好。我們可以透過研究學會這項技巧——但我指的不是學術或是我們能力範圍之外的研究。我們研究的主體就是我們的「經驗」。

通常我們是無意識地採取行動。我們往往以自動駕駛模式過生活，很少停下來去理解，為什麼某件事讓我們產生某種感覺。如果缺乏脈絡，如果不理解某件事如何為你的生活創造價值，努力很容易毫無意義。脈絡有助於我們理解，某項讓我們不快樂、甚至感到痛苦的責任，其實對我們是有益的。當你了解一項具挑戰性的任務的背後意義，便能大幅減輕它所產生的情緒負擔。

實踐

釐清群組

「講者家族」（Speakers Tribe）創辦人山姆‧卡索恩（Sam Cawthorn）曾說過：「最快樂的人不一定擁有最好的一切，但是他們懂得善用一切。」[54] 要開始這段過程，有效的方法之一就是重新想像平凡的經驗。許多任務一開始可能無法帶給你太多快樂，像是洗衣服、完成專案、採買雜貨等等。試著不要一直想著這些工作有多無聊乏味，而是花些時間專注在完成這些任務的過程所帶給你的體驗。

清洗衣物能讓你在洗完澡之後有鬆軟的毛巾可擦，上班時有整潔的衣服可穿，晚上有乾淨的被單可蓋。完成專案之後你會因為工作完美結束而感到滿足，同時又有收入進帳——或許其中部分收入讓你更有機會實現夏威夷旅行（第303頁）的目標。採買雜貨讓你可以在餐桌上享用美味的餐點，或是讓你與所愛的人共度寶貴的時光。

這無關乎正向思考，而是系統化地分析你所做的努力，並定義這些努力的目的。我們往往不習慣用這種方式將責任脈絡化。如果你希望了解，自己為什麼要做現在正在做的這件事，可以在子彈筆記建立「釐清」群組。瀏覽你的日誌，找出最讓你感到痛苦的責任和日常瑣事。然後從中挑選出一項，並寫在「釐清」群組的左頁。以付房租為例：

付房租讓人沮喪，因為感覺像是在浪費錢

確實，我們很容易就把付房租視為每月定期發生的例行公事，你得從自己辛苦賺來的血汗錢撥出一筆金額，交給冷血無情的房東手中。但是，你租下這個空間一定有個原因。為了平衡你對這項責任的負面觀感，現在花點時間，重新思考你為什麼租下這間房子。

閉上眼想想，是哪些小事，讓你願意一直住在這裡？是什麼原因讓你把這地方當成家？不論答案為何，把它們寫在隔壁頁：

- 每天早晨陽光灑進房內，溫暖了床鋪四周的地板。
- 咖啡店的香味透過窗戶飄散進房內。
- 通勤時間。

沒有一個地方是完美的，但如果你對現在住的地方感到滿意，那麼就可以重新將付房租這件事視為每個月你所獲得的報酬，讓你得以享受這份快樂。這樣的轉化能夠幫助你重新釐清，為什麼這件看似微不足道的瑣事是有意義的。另一個尋找意義的方法是，想想我們所愛的人。也許，經過這樣的思考過程，你終於明白自己一點也不喜歡你現在住的地方（如果真是如此，我很抱歉；我也曾經有過這樣的經歷）。但你還是有收穫。從人際關係角度想想，當初為何會搬到這裡。也許這間房子能讓你的小孩就讀好的學校。也許它離你公司更近，可以節省通勤時間，有更多時間和朋友相處。不論是什麼原因，全部寫下來。

一旦將你必須承擔的責任與你所愛的人建立連結，這些責任便會被賦予你迫切需要的意義。雖然責任不會因此變得有趣，但從此它們有了目標，再繁重的責任你都可以承受。

追蹤進步

如果你經過思考，卻發現有些責任不具有任何益處或是意義，該怎麼辦？許多我們必須完成的事情，在當下看

來並不具有任何意義。意義，就像是糟糕的客人，老愛遲到，但每次出現必定帶上一瓶好酒。具備敏銳的觀察力與耐心，才是真正的關鍵。

如果有某項工作，你一直找不出任何目標，那麼就持續觀察。你也可以藉由每月轉移，觀察進度。你可以將它視為某個里程碑，用來檢視是否有任何事情發生了改變。如果最後你得出結論，某項工作不會為你的生活創造任何價值，或是你投入的努力遠遠超出它所創造的價值，代表這項工作是讓你分心的事物，可以立刻放手。如果因為某種原因，你無法放手，就應該將它解構（第 255 頁），並思考替代方案。

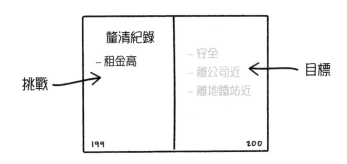

釐清紀錄

解 構

DECONSTRUCTION

「擋在路中間的，最後會成為道路。」
—— 羅馬皇帝奧里略（Marcus Aurelius）

　　至今我們所知，存於世上的最古老文本是《埃努瑪·埃利什》（Enûma Eliš，或稱《天之高兮》）。這是巴比倫創世史詩，描寫巴比倫主神馬爾杜克（Marduk）對抗提阿瑪特（Tiamat）的故事。提阿瑪特長相如龍，生下多位怪獸，他降臨於世的使命便是要毀滅眾神。這部史詩描繪的是善與惡、秩序與混沌之間的戰鬥。馬爾杜克殺害提阿瑪特，肢解她的身體，創造世界。她的肋骨成了天空、嘴成了海洋。雖然聽來有些驚悚，但卻是很生動的比喻。同樣地，我們也可以解構我們的挑戰，克服逆境。

　　大學畢業後，我很幸運地得到了夢想的實習機會。我

唸的是平面設計與創意寫作，因此希望有機會從事片頭設計相關的工作，結合這兩項技能。片頭指的是整部電影實際開始之前的微電影。實習工作的老闆是致力於重振這項藝術形式的開路先鋒，他的工作讓人振奮。

我提著兩箱行李搬到紐約，暫住一間我根本負擔不起、充滿霉味的地下室公寓，兩位室友已經選走了比較好的房間，另外還有一隻神經質的貓，我們不太對盤。這是為了新工作必須付出的微小代價。

在我準備開始工作之前的一星期，我打電話到公司，確認關於實習工作的最後細節。結果因為前一年世貿大樓遭受恐怖攻擊的事件影響，公司決定縮編。簡單來說，在我還沒開始第一天工作之前，就被炒魷魚了，但沒有人想到要事先告訴我。瞬間，我發現自己成了一位失業的紐約藝術學生，得重新尋找工作機會，偏偏又碰上近幾年最蕭條的工作市場、數十年來最嚴寒的冬季。

連續好幾個月，我不斷吃閉門羹。微薄的存款瞬間蒸發。運氣好的時候，我得在雪地裡辛苦跋涉，然後在尖峰時段努力將我的履歷塞進擁擠的地鐵車廂，面試時還得表現出友善的態度。我的意思是，為了一份終究會被判定資格不符的工作，我得接受無聊的人資部門面試。運氣不好的時候，我只能坐在電腦前，找工作機會、投履歷。

有天早上我醒來，聽到一陣怪聲。我睜開眼，發現地板在移動——不，地板全都是水！前一夜的積雪融化，水淹進了我的房間。履歷跟著床鋪在水面上漂浮，裡面都是我應徵工作需要的設計稿。當時我的第一個念頭是：至少我有備份。但卻看到備份硬碟整個被水淹沒，靜靜躺在地板上，電腦就在旁邊隨著水波晃動。那天早上，我幾乎失去了所有。

不久之後，為了生活，我接受了當時有幸得到的第一份工作機會。這份工作完全與我的技能無關，但是當時我已經破產，而且無家可歸。

上班第一星期，我才知道之前的那些員工為何被嚇跑，我很快就明白背後的原因。我的主要工作就是整理庫存書目訂單表，這份清單列出了公司出版過的所有書籍，總共有數萬本。沒錯，我很愛列清單，但是這份工作就連我都覺得是可怕的地獄。

沒有現成的科技或系統可以簡化這個流程，所以一定會在某個地方、有某件事出差錯，然後所有的矛頭都會指向我。老闆總是對我惡言相向，不斷打擊我的自信和自尊。最糟的一次是老闆對我大吼，隔壁辦公室的人全部跑了進來，以為出了「狀況」。我開始害怕進公司工作。我不知道該怎麼做，但我很確定必須要改變。

　　我又開始找工作、面試。但並不順利。事實是，我沒有任何作品可以展示。我的作品已經遺失，我只有幾次暑期實習的工作機會，而且多半與我的能力無關。如果老闆是我，我也不會雇用我自己。我壓抑自己的自尊，接受事實：我必須讓自己更有價值。

　　在最初版本的子彈筆記，我開始詳細記錄自己在空閒時間的活動。我發現自己花了很多時間上網。我開始記錄究竟看了哪些網站內容，原來我都在閱讀和學習關於互動線上體驗的資訊。當時網路上已出現許多實驗性網站，結合藝術、照片、影片以及設計，製作出令人驚艷的互動敘事內容。同時，個人網站也紛紛成立，特別是藝術家、設計師和小型企業。

　　對於那場水災餘悸猶存，因此我非常認同把作品放上網路的想法，不用再因為房東的失職或是老天爺突如其來的大雨而被毀壞。而且，正好有些朋友問我是否能幫他們或是他們的公司架設網站。或許，這種工作可以賺到錢？

　　我拿出之前微薄的薪水存下的一點錢，報名夜間課程，學習當時稱為「網頁設計」（web design）的新技能。一星期有幾天晚上我得拖著疲憊的身軀，走進沒有窗戶的教室，雖然白天工作讓我筋疲力盡，我還是很有動力。長久以來，這是我第一次感受到自己正在做一件真正能引發內心共鳴的事情。我開始學習如何設計網頁以及撰寫基

本的程式。只要一有機會出現,我便抓住不放。我為一家
地方餐廳設計網站,接著是某位餐廳酒吧服務生成立的樂
團,還有其他各種案子。後來,我累積足夠的自由接案作
品,可以放心辭職,專心經營自己的新事業。

我不能說自己是特別規劃或是願意走上這條路,但是
經驗告訴我,我們很容易就以為自己被外在環境綁架。例
如繳稅、付房租、照顧生病的家人、或是償還學生貸款,
我們的生命中的惡龍。我們可以因為恐懼而退縮,憤怒抵
抗命運、扮演烈士、陷入自憐情緒、等待天空神奇地裂
開,讓自己獲得拯救——或是,選擇拿起武器自保。

實踐

我們很容易小題大作。不論問題本身有多嚴重,我們
內心總會把問題想得更嚴重。因此我們總感覺無力與無
助,但這不是是真的。不論情況變得多麼無望或危險,都
不可能全然控制我們。它無法剝奪我們回應問題的自由以
及採取行動的權力。

即使是最微不足道的行動,也會讓我們的處境發生改
變。你可以先暫停一下,思考眼前的問題,才有辦法知道
該如何解構它。我們採用所謂的「五個為什麼」的方法。

五個為什麼

豐田創辦人以及日本工業革命之父豐田佐吉發明了「五個為什麼」的方法來找出汽車製程發生技術性問題的原因。這是非常簡單的方法，可以幫助你找出根本原因以及發現預料之外的機會。方法是將大問題拆解成數個獨立的元素。

我們可以使用相同的方法解決我們的挑戰，並應用在子彈筆記本上。首先建立新的群組，主題名稱訂為你遇到的問題，例如：「我付不出房租」。現在問你自己為什麼，然後把答案寫下來。現在，再問一次為什麼，挑戰你剛剛寫下的答案。然後再挑戰一次，持續下去，總共重複五次。

我付不出房租

一、為什麼？因為我沒有錢。
二、為什麼？因為房租太高。
三、為什麼？因為我住在很好的地段。
四、為什麼？因為我喜歡那裡的生活。
五、為什麼？因為附近鄰居都很好、有很棒的商店和餐廳，而且讓我覺得安全

我們已經將某個大型挑戰，解構成較小規模的元素，然後再分別針對這些小目標找出解決方案。更重要的是，

我們能看出哪些重要價值受到影響。當我們解構某項挑戰時，就會發現哪些事情岌岌可危。在房租案例中，真正危急的並不是房租，而是失去快樂與安全感。你可以運用這兩個資料點（data point），擬定作戰計畫。

作戰計畫

前一步我們已經清楚列出了原因，接下來就是思考有哪些解決方案。可想而知，我們必須再建立另一份清單，這份清單可以寫在「我付不出房租」群組的隔壁頁。

如果你的問題是沒有錢，就可以試著列出能增加收入的行動清單。

一、要求加薪。
二、尋找待遇更好的工作。
三、找室友分攤。
四、搬到生活成本較低的區域。
五、參加推廣教育課程，提升自己的價值。

現在，我們已經有了一些進展。每一個選項都是一條出路。現在你可以清楚看到這些選項，挑選出最讓你感到興奮的那一個——也就是散發光芒的那一個。

例如，你選擇「參加推廣教育課程，提升自己的價

值」。這就是你的目標。翻到下一個空白跨頁，為這個目標建立次要群組。目標設定好之後，再將其拆解成可行的步驟：例如，有興趣的研究領域、找出有相關課程的學校、報名課程等等。這就你的作戰計畫。每完成一項任務，便是再一次成功戰勝了惡龍。

生活充滿了各種惡龍。他們存活得愈長，就變得愈龐大，助長我們的不幸、不滿以及無助感。鎮住他們。直視他們巨大而駭人的雙眼。你可以從他們眼中看見自己的倒影。生活中的挑戰就如同鏡子，暴露了我們的脆弱、不安、缺點和恐懼。這或許並不容易，但不要迴避。看著他們、檢視他們、用好奇心面對你的恐懼，便能找到出路。一旦你拿出勇氣，就能看見自己或專業獲得成長的機會。

以我的情況而言，我的惡龍就是我的工作。它讓我恐懼。它正是我過去天真地發誓過絕對不做的工作：這份工作沒有任何創意可言，也不會有出路。但是我必須養活自己，所以只好接受。我被困在自己的痛苦裡，忘了一項簡單的事實：只要還活著，就會有機會。

最後，因為老闆又一次的語言施暴，我受夠了。我厭倦了當受害者；厭倦了成為我個人缺點的受害者；厭倦了成為討拍派對上唯一的貴賓；厭倦了無助感。痛苦是我引起的，彷彿忍受這些不堪的情境，就能成為高貴的烈士。這太荒謬可笑，而且非常不成熟。我只是不斷逃避，對事

實視而不見：這種情況是我自己造成的，而非其他人。

於是我開始設定目標：找到新工作。我了解到，如果無法拿出任何東西證明自己，就不可能找到新工作，所以又設定了新目標：學會架設網站。

這時候我開始利用我的惡龍——我的恐怖工作，激勵自己。我用微薄的薪水支付上課費用。工作的惡劣的環境驅使我去上夜間課程。雖然很辛苦，但是每次上完課就像是在自己的戰場上又打了小勝仗。最後，我終於有能力揮出致命的一擊，不是用刀劍，而是用一張被水淹過而有些變形的白紙印出辭職信，結束這一切。

現在，每當事情不如我所願，或是必須完成某件無法讓我興奮到後空翻的事情時，我就會想到我的惡龍提阿瑪特。我會四處觀察，看看我能從這次經驗中學到哪些教訓。我因此有動力學習寫程式，成為數位產品設計師，不僅得到了成就感，更從工作中累積了成立子彈筆記網站需要的能力，進而獲得這個特別的機會寫這本書，能和你們分享子彈筆記法。

惰　性

INERTIA

「我要找到出路，或是自己創造出路。」
—— 迦太基名將漢尼拔（Hannibal Barca）

　　在目標那一章（第 185 頁），我們談到了將重要的挑戰拆解成小規模、更容易管理的衝刺目標。但是，如果在過程中遇到瓶頸怎麼辦？也許你因為某個問題而焦慮不安、或是失去動力、或是某個專案或是某段關係看不到未來。不論是何種原因，你會因為惰性而受挫。到底該怎麼做？以下介紹兩種我認為非常有用的技巧。

實踐

黃色小鴨偵錯法

我有位朋友是成功的小企業主，正在尋找新門市的地點。她申請了一筆貸款，用來支付新門市的裝潢費用。雖然她既有的三家店都有獲利，但是銀行依然拒絕她的貸款申請。可想而知，她感覺很不安。她打電話給會計師，告訴他事情原委。她逐步說明她的需求。過程中她逐漸明白，她的目標不應該是找到某個地點開設新門市，真正的目標是如何讓公司持續成長。後來她選擇成立五間小型快閃店，測試哪家店可以創造最多業績。如此一來，不需要外援也能開店。她在解釋問題的過程中，找到了解決方法。

這個過程就是所謂的黃色小鴨偵錯法（rubber ducking），源自於由安德魯・杭特（Andrew Hunt）與大衛・湯瑪斯（David Thomas）合著的《程序員修煉之道》（*The Pragmatic Programmer*）。作者在書中描述一位程式開發人員在寫程式過程中遇到了問題，於是對著黃色小鴨逐行說明程式的內容，最終解決了問題。沒錯，我說的正是洗澡玩具黃色小鴨。當我們忙著空轉時，容易失去客觀性。但是當我們向另一個人（或是某個物件）詳細說明問題時，就不得不改變我們的觀點，從高處看待問題，而不是陷入自己挖出來的心理黑洞。

如果身旁沒有人傾聽，你可以翻開子彈筆記，寫一封信給「親愛的小鴨」，或是其他態度友善、值得信任、願意接受你傾訴的實體。告訴他們：

— 你的問題
— 哪些部分行不通
— 為什麼行不通
— 你試過哪些做法
— 你還沒試過哪些做法
— 你希望達到什麼樣的結果

很重要的一點是，把問題從你的大腦中移出。謹慎、耐心地說明。你必須假設你說明的對象不一定擁有你知道的所有資訊。好的溝通可以彌補資訊與理解之間的落差。在謹慎溝通問題的過程中，你會想到解決方法。如果寫信給你的黃色小鴨、布偶熊貓、難用的釘書機，或是查德（但願不要）仍無法解決問題，可以試試另一種方法……。

休息衝刺目標

如果你按照順序讀這本書，那麼你應該已經設定好「目標」群組。陷入困境或是缺乏動力時，這個群組可以是很好的靈感來源。我知道，我知道，之前我說過，除非完成手邊的目標，否則不應該回頭翻閱「目標」群組。但現在是緊急例外！當你覺得被困住或是想不出解決方案時，

就表示你失去了客觀觀點。你找不到出路，可能是因為你距離問題太近，太過深陷其中。若要重新以客觀的視角看待問題，可以暫時將注意力轉向其他事情，讓你的心智與當下問題之間保持距離。這時我們可以設定「休息衝刺目標」（break-sprint）。

正如先前提到的衝刺目標（第 193 頁），休息衝刺目標是各自獨立的微型專案。他們唯一的目的是讓你的心智放鬆。你可以用設定衝刺目標的方法，設定休息衝刺目標，但是有些規則不太一樣。

一、**這個目標必須在兩星期內完成**。你需要休息，但不希望主要計畫因此失去動能。

二、**這個目標必須與困擾你的主要專案無關**。你和主要計畫之間必須騰出空間。不是要和主要計畫分手，只是需要一些「個人時間」。

三、**很重要的一點，這個目標必須有明確的結果（而且有清楚的開始與中間點）**。當我們陷入困境時，提不起勁的感受會導致我們失去動力。休息衝刺目標的目的就是讓你實際感受到完成任務、跨越終點線的放鬆感以及成就感。提醒自己這樣的感覺，可以幫助你快速找回動力。

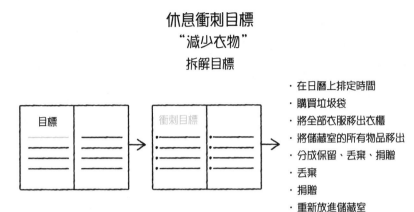

休息衝刺目標
"減少衣物"
拆解目標

目標

衝刺目標

· 在日曆上排定時間
· 購買垃圾袋
· 將全部衣服移出衣櫃
· 將儲藏室的所有物品移出
· 分成保留、丟棄、捐贈
· 丟棄
· 捐贈
· 重新放進儲藏室

　　參加線上課程、寫文章、整理數位照片集、以近藤麻里惠提出的收納方法整理你的儲藏室、和同事一起參加志工活動。一切取決於你。只要確定這是你有興趣做的事情。

　　一旦完成休息衝刺目標，代表你接觸了新的事物。你以不同的方式運用你了的心智，而且激發出不同於過往的想法。每經歷一次新的體驗，就能讓我們有所成長、吸收新觀點。回頭想想，最後一次你想要解決讓你困擾的難題時的情景，未來的你將會和過去有所不同。當你這麼想，一切將變得不同。

不完美

IMPERFECTION

「萬物皆有裂縫，那便是光投射進來的之處。」
—— 創作歌手、詩人與小說家
李歐納・柯恩（Leonard Cohen）

　　節日活動已結束，原本擁擠的紐約街道顯得異常冷清。彷彿整個城市進入冬眠，躲避讓人憂鬱的嚴寒氣候。

　　當時我和另一半的感情正經歷一段辛苦的時期，所以我決定計劃一次在家的晚餐約會。我選了之前我們在最喜愛的餐廳開瓶的那支酒。餐點是我自己做的甜薯義式麵疙瘩。我沒做過這道料理，但我知道她愛吃。會有多難呢？

　　答案是，非常難。一開始所有事情都錯了。我重做了好幾次。花了好幾個小時一直搞不定食譜，我的臉就像馬鈴薯一樣扭曲變形。時間一分一秒地過去，我愈來愈暴

躁、慌張。女友回到家，坐在擺滿美食的餐桌前，燭光搖曳，柔和的音樂流瀉而出，這樣的夢想逐漸變得渺茫。

好在一切驚險過關。她回到家，看到了餐桌，立即丟下背包，投入我的懷抱，凍僵的臉頰埋入我胸口。然後她抬頭看著我，笑容褪去一些，問我發生了什麼事。「沒事，」我緊張地說，忙著拍打褲子上的麵粉。

我們坐在餐桌前，她告訴我眼前所見的一切有多讓她驚喜。而我只顧著擔心準備過程發生的疏失。這個煮得不夠熟，那個太冷了……我一直和心中期望的完美結果比較。我唯一沒有看到的是，她對我當晚的舉動感到開心不已，而我卻喋喋不休哪裡可以做得更好，破壞了快樂的氣氛。我糟蹋了那頓晚餐最重要的目的：我們倆在一起的時光。一切只因為我希望每件事都做到完美。

完美是違反自然而且有害的概念。因為就我所知，如果仔細檢視，實體世界沒有任何一件事能完全符合我們所定義的完美：沒有一個東西毫無瑕疵、無法再有任何的精進。即便是現在通用的度量衡標準，也並不完美。例如，國際公斤原器（International Prototype of Kilogram），或是大家暱稱的「大 K」（Le Grand K，由法國創造）是用來設定全球最常用的重量標準的實體物件。它有許多複製品，被送往全球各個國家作為重量標準。但隨著時間一久，這些「完美」的複製品在重量上也改變了。就建立重量標準而

言，這是非常嚴重的問題。畢竟，完美且絕對的標準不應該變質。這是為什麼如今我們往往以方程式或概念的形式呈現這些標準。

現在你或許會想反駁，「如果我的數學測驗得到一百分呢？完美的分數！」確實。你的回答或許是正確的，但是考卷上的問題呢？這項測驗的目的是什麼？這是評量你能力的完美方式嗎？並不是，測驗的結果頂多是近似而已。很多人測驗成績優異，但實際表現卻很糟。有更多人不擅長考試，但卻表現優異。

你可以說，完美只存在於定義理想、永恆、神聖的抽象概念、理論、和信仰。為什麼我要挑戰這個概念？因為完美的想法往往成了絆腳石，讓我們無法變成可能成為的自己。

人類是了不起的生物，但也是不完美的——我們總是要求自己達到不可能達成的標準，然後更加意識到自己的不完美。所以，我們的熱情逐漸消退，因為不論是我們的身體、心智、成就或是人際關係，都無法達到這個被錯誤引導的理想目標。

無法達到完美是導致自我厭惡的最主要原因。我們有意地讓一切走向負面結果，我們花費大量時間和精力妨礙自己進步。因為覺得不夠完美，我們破壞既有的計畫、重

新投入沒有生產力的行為，結果引發更多自我批評。

我們最大的誤解在於，我們認為達不到完美就是失敗。還好，生命並不是二元對立，而是一道光譜。其中一端是我們無法達到的完美；另一端是我們不可迴避的混亂。世間所有的美，均來自於平衡。

日本有一種美學概念「侘寂」（wabi-sabi），意指任何事物的美就在於它的不完美。這與西方觀點正好相反，西方人認為美就是要完美，侘寂則是讚頌事物的短暫無常、獨特性與缺陷。正是這些特質讓個別事物顯得獨一無二、真實、與美麗。茶壺的裂痕、木材的變形、石上的落葉、飛濺的墨汁。這反映了佛教的哲思，強調智慧就來自於與我們不完美的本性和平共處。

擁抱我們的不完美，才能將焦點放回原位：持續改善。這樣的心態幫助我們將錯誤從地雷轉為路標，指引我們前往我們該去的地方。

侘寂讚揚無常，這是宇宙萬物固有的本質，
侘寂採取寬容，創造可持續改進的無限機會。

實踐

練習不完美

你或許會想，我就是個普通人，不需要再練習不完美。但這個練習不是要你刻意犯錯，而是重新建構你對這些錯誤的回應方式。冥想的目標之一是要你專注於當下。與心中的想法保持距離，才能客觀地看待這些想法。但是，說比做容易。

即使是最有經驗的實踐者，偶爾也會因為自己的想法而耗盡心力。關鍵在於，你要意識到自己被心中的想法困住了，必須想辦法脫困。此外，你不應該將胡思亂想視為錯誤，而是機會。每當你再次回到當下，就更能保持專注。久而久之，你就能好奇心、而非批判，擁抱錯誤。

你是否很想要擁有一本完美的筆記本？也許你的手寫字不夠漂亮，或是缺乏藝術細胞。但這重要嗎？除非這是你想要的。你可以將自己的筆記本看作是顯示自己並不完美的證據，或是你展現勇氣的明證。歪斜的線條、扭曲的字體，正好見證了一個人如何努力為生活創造正向的改變。它也許不完美，但絕對美麗。

犯錯或是一開始就不順時，你會把筆記本丟掉嗎？如果是的話，試著建立「不完美」群組。你可以寫在筆記本

的某處，這是讓你隨意發揮的專屬空間。或許可以用你不
擅長的那隻手來寫。你可以隨意亂寫或塗鴉，隨你高興。
去做那些你會感到害怕的事情，讓你的筆記本看起來有瑕
疵。這樣會使得你的筆記本變得沒有價值嗎？不會。現在，
你可以說自己的筆記本是獨一無二的。當你發現自己對於
任何一件小事開始要求完美，提醒自己這只是達到目標所
需的工具，你打造了什麼才是真正重要的。

> 接受自己不完美、有可能失敗，
> 才能繼續向前走。

好的改變

　　自我改進或個人成長的目的不就是為了達到完美嗎？
這要看你的目標而定。你的目的不應該是達到完美或是努
力超越其他人；而是找到機會，持續改進自己。正如同道
德哲學家謝爾頓（W. L. Sheldon）所說：「超越你的同伴並
不高貴；真正的高貴在於超越先前的自己。」

　　要接受侘寂的概念，了解它的發源地文化，應該會有
幫助。長久以來日本的工匠技藝已臻至絕妙的境界，包括
木工手藝、金屬技工、甚至是產品包裝。他們強調的是
精通，而非完美。精通不同於完美，前者擁抱無常與不

完美，它是一個過程、一種狀態，而非最終目標；是持續改進與學習的結果。作家麥爾坎 · 葛拉威爾（Malcolm Gladwell）提到了一萬小時規則：要在任何領域成為世界級專家，就必須累積一萬小時的刻意練習。[55] 日本的學徒身分，往往是持續一生。

精通取代了完美的概念，持續付出和練習，努力改進自己。學習任何一項技能，都不會有終點。即使是最偉大的大師，仍是渴望學習的學生。他們的技能和我們所擁有的一樣，需要長時間累積。他們必定是從某個地方開始，而且和我們一樣，並非一開始就做到完美。

每一天，問自己一些小問題。找出可以改進的地方。然後將你的答案轉化為任務或是目標，記錄在子彈筆記。這樣你才比較有可能真正採取行動。每個行動都是從你前一次結束的地方開始進步。無論行動規模有多小，或是在過程中跌倒，都沒關係。真正重要的是你持續在進步。

IV

技 巧
THE ART

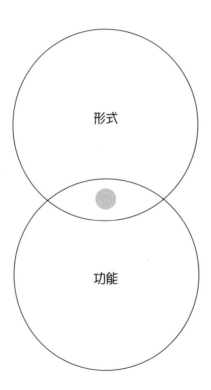

形式

功能

技 巧

THE ART

　　前陣子我參加了很恐怖的卡波耶拉（capoeira）課程。有些人或許不熟悉卡波耶拉是什麼，這是由巴西奴隸發明的一種武術，藉由近似舞蹈的動作掩護戰鬥意圖，這項武術結合了雜技、柔身術、隨唱、以及探戈的強健力度。跳卡波耶拉時，兩個人動作流暢地相互繞著對方的身體翻轉，因此常可見到違反地心引力的倒立或是快速翻轉動作。現代的地板舞和街頭滑板運動都借用了卡波耶拉的動作，YouTube 上都可以看到相關影片。總之，這是令人印象深刻、卻又讓人困惑的運動。

　　我狼狽地穿過熱帶的暴雨，抵達叢林內的飛機棚，屋

頂因下大雨而不停漏水，這裡就是上課地點。總共只有四個人淋雨來上課，另一個人是學生，另外兩人則是看起來像是喝醉的卡波耶拉老師。他們含糊地簡單介紹，問我們是否有學過。另一位學生承認，在那天早上之前，她根本沒聽過卡波耶拉。看起來沒什麼精神的兩位老師不確定地互看對方，然後行動遲緩地做出看似臨時發想的動作。另一位學生和我尷尬地站在原地，不確定我們應該要怎麼做。

當兩位老師終於回過神，終於想起來他們應該要教我們該怎麼做，他們要我們模仿他們的動作，但是卻沒有告訴我們任何背景，所以這些動作看起來就只是可笑。對於未受過訓練的人來說，許多基礎動作看起來就像是一個情緒激動的醉鬼，正在尋找掉到地上的鑰匙。嗯，至少在我看來是如此。直到課程結束，兩位老師終於將所有動作連接成連貫且優美的系列動作，原本各自獨立的動作如今合而為一。兩小時的課程，我們學到了許多，但是如果他們沒有將這些動作結合成完整的脈絡，我們就無法知道自己學到了什麼。

在這本書中我們已經討論了許多議題，之後還有更多要討論的。就如同我在卡波耶拉課堂上的感受一樣，一開始你或許只是傻傻盯著某件你完全不知道由什麼東西組成的事物。所以，我希望和那兩位老師不同，完整說明這套系統以及提供實作案例等脈絡。

　　或許你曾經聽過這句名言：「給人一條魚，只能餵他一整天。教人如何捕魚，才能餵他一輩子。」在子彈筆記系統，這套系統就是釣竿，實作案例則是提供你釣魚線和誘餌。兩個部分各自獨立，唯有實際採取行動才能完全理解。要能體會這一切、強化你的理解，一個有效方法就是學習客製化以及設計自己的群組。

　　學習設計自己的群組，就能知道如何讓子彈筆記專屬於你個人。在這過程中，你將會實際執行書中提到的所有元素。這是一段學會組織化的過程，也是自我反省、編織夢想的過程。用心整合這些元素，便能持續將你的子彈筆記改造成符合你需求的實用工具，而不僅只是減少混亂、建立秩序而已。現在我們要好好發揮這套方法的彈性，擬定行動計畫，朝向那些散發光芒的事物前進。

　　我一直重回子彈筆記懷抱——經過多年依然有用——是因為，它會隨著我的需求持續調整。你的子彈筆記可以被塑造成你需要的樣子。你需要它成為什麼樣的筆記本，它可以如何最有效地為你所用，本身就是練習的一部分，而且會隨著時間改變。在第四篇，我們會建立一個包含不同類型內容的專案，告訴你如何客製化自己的群組。你將學會運用子彈筆記的不同方法，面對問題、拆解問題、設計版面——範本——幫助你組織行動計畫。這些章節的內容不是硬性規定，而是為了凸顯設計個人化子彈筆記時應注意的事項，希望這些提醒對你有用。

提醒

客製化是讓人開心的事，但如果你是子彈筆記新手，建議可以等到你熟練運用第二篇和第三篇的內容之後，再開始學習設計更複雜的群組。我建議，先使用基本的子彈筆記紀錄模式，至少持續兩到三個月，再開始嘗試建立自己的群組。很重要的一點，你必須熟悉這套方法的基本功能，再加以擴充。如果你才剛開始使用子彈筆記，這部分的章節可以讓你概括了解未來可以如何大幅擴充你的子彈筆記功能。

我所介紹的每項工具和技巧，不論就其本身或是整套系統而言，都是為了達成某個目標。子彈筆記方法是由不同的技巧和哲學觀組成的生產力生態系。每種要素都能幫助其他要素發揮功能。在你介紹新夥伴之前，可以先多了解在地居民。一旦有了更深入的了解，客製化子彈筆記就更有可能成功結出果實。

關鍵概念

運用客製化群組延伸你的子彈筆記

你的子彈筆記可以變成你需要的樣子。

思考你需要什麼，也是練習的一部分。

其中一項簡單的原則是……

客製化群組是有特定目的的

確保群組能為你的生活創造價值。

提升生產力，就是謹慎投資你的時間。

如果你不知道如何下手……

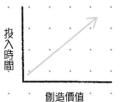

定義你的動機

在思考如何以最有效的方法完成某件事之前，

先釐清你為什麼要做這件事。

檢討成效

每個群組的目的都是為了有所學習。

因此研究很重要，包括可行的和不可行的群組，

發掘我們可以從中學習到什麼，作為日後的參考。

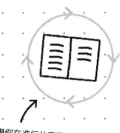

不只重複你在進行什麼事，
還有你如何進行這件事

少，卻更好

功能重於形式
你的筆記不需要很漂亮，而是要有價值。
任何的設計都要符合某個目的。
如果剛好它的版面很美，那很好！只要不讓形式造成妨礙就好。

VS

讓你的筆記不會過時
你的筆記本記錄了你的人生故事。
你必須確定筆記本的設計，
無論是現在或是未來的你都能輕易看得懂。

社群
子彈筆記最寶貴資源之一就是社群。
他們提供了無數的案例和應用方法。
如果你停滯不前或需要其他靈感，
可以透過喜歡的社群平台搜尋

#bulletjournal 或是 #bujo。

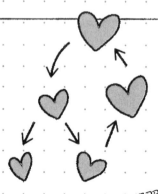

學習分享，分享學習

客製化群組

CUSTOM COLLECTIONS

「內容先於設計。缺乏內容的設計只是裝飾。」
—— 網頁設計先驅傑弗瑞・齊曼（Jeffrey Zeldman）

　　子彈筆記的四大核心群組（索引、未來誌、月誌、日誌）可以因應我們大部分的需求。不過，子彈筆記強調的是一體不能適用。如果你需要用某種方式紀錄某件事，但本書並未介紹這種方法，該怎麼辦？這時就可以運用客製化群組。

設計客製化群組，是為了滿足特定需求。

它可以像購物清單一樣簡單，也可以是長期專案那般

的複雜。客製化群組是發揮創意、讓人享受其中、而且有所回報的子彈筆記元素，因為我們自發解決自己的難題。

日誌是用來記錄當日的所有想法，客製化群組則是為了特定目標，不只是記錄內容而已。不要成為資訊囤積者！我自己曾經犯下這樣的錯誤，用群組記錄我看過的電視節目、常去的餐廳、還有其他瑣事。我稱這些為「雜物櫃」群組。記錄你所做的事情並沒有不對，只要你的目的是利用這些資訊完成有建設性的工作。一位認真的電影製片可能想要記錄她看過的電影，作為自我學習的一部分：**我是不是看太多驚悚片，沒有認真研究喜劇片？**一個人如果一直無法持續運動，或許需要記錄運動資料以及健身目標，藉此監督以及鼓勵自己持續進步 —— 或是觀察他多半在什麼時候中斷運動。（假日？每月的撲克牌之夜？另一個失敗的盲目約會？）相反地，雜物櫃群組通常壽命有限，因為他們無法提供任何有建設性的洞見。

無法從中獲得有用資訊，
就代表群組沒有價值，沒有持續記錄的必要。
不要浪費時間維護不會為生活創造價值的群組。

客製化群組的三大關鍵來源

1. 目標

目標很重要，因為他們（應該）承載了意義，提供方向和目的。目標也多半是複雜的，牽涉到多項元素。客製化群組可以幫助我們將目標解構成數個元素，一次解決一個。

2. 挑戰

你的生活中是否有某個部分讓你感到憤怒、焦慮、喘不過氣或是對自己不滿？一旦確定自己面對的是什麼樣的挑戰，針對這項挑戰建立客製化群組就非常有用。它提供你專屬的空間，幫助你蒐集和釐清想法，讓你得以專心思考解決方案。

3. 任務

許多群組一開始都是簡單的任務，例如「‧規劃假期！」在每日反思期間（第165頁），你可能會發現某些任務本身又包含了許多任務。例如，「規劃假期」任務包含了許多次要任務。如果只記錄「規劃假期」這一項任務，一定會讓你備感壓力，容易被不斷拖延，但愈拖延就愈焦慮。計畫假期應該是一件讓人興奮的事情，而不是讓人想

逃避。所以，這時候我們就可以建立客製化群組。

快速地補充說明一下。研究顯示，期待有趣的活動，例如旅行，是提升情緒和幸福感的有效方法。[56] 期待即將來臨的旅行、而非旅行本身，更能鼓舞人心、提振情緒。尤其是當我們經歷難關時，特別有用。我們正在為了那個散發光芒的目的地擬定行動計畫，直到我們持續向前抵達目的地，享受溫暖的陽光。

第一步

開始試著做客製化群組吧。先翻到下一個空白跨頁，寫上專案主題名稱：「夏威夷假期」。這地點聽起來比布魯克林要讓人愉快多了，當我撰寫這段內容時，正好是春天的第一天，但因為一場東北大風暴，布魯克林的街道全被白雪覆蓋。

腦力激盪

在筆記上開啟新專案時，我會將群組的頭幾個跨頁設定為「腦力激盪」，用來記錄初始的想法，任何形式都可以，也許只是一個單字、影像、心智圖等等。這個跨頁是讓你將你心中所想、或是讓你感到興奮的事情寫下來，並透過自由聯想，激發其他的想法。

但是有時候，我們過於陷入日常工作（包括我們正在做以及正在思考的事情），這種看似不切實際的腦力激盪會讓人不知所措。若是碰到這種狀況，請繼續閱讀下去。

檢視你的動機

當你為某項專案——例如寫一本書、改裝地下室、或是規劃假期——建立群組時，一個很好的開始就是檢視你的動機。為什麼要進行這項專案？是對我們非常重要的事情嗎？擁有更多與家人相處的時間？藉由衝浪或是森林浴讓自己放鬆、重新振作？不論是什麼原因，都無妨。提出這些疑問，是為了讓專案啟動，找出背後最原始的動機。

為什麼找出動機是重要的？動機不是憑空存在的。它源於我們的痛苦、挫折或渴望。不論是什麼原因，我們都必須找出來，才能確保日後不會往錯誤的方向努力。找出我們真正的動機所在，才能強化行動的潛在影響力。

> 換句話說，了解自己為什麼要做某件事，
> 可以幫助你更有效地定義如何去做這件事。

如同先前提到的，當我們暫停下來，思考什麼樣的主題名稱最能表達專案的核心意義時，就是釐清目的的第一

個機會。不過，有時候我們需要更多細節，你可以寫下簡短的任務宣言（mission statement），這會很有幫助，任務宣言說明了為什麼我們要做某件事、希望從這段經驗中學習到什麼、以及如何做這件事。你可以運用以下的描述：

我想要＿＿＿＿＿＿（什麼）藉由＿＿＿＿＿＿（如何）讓自己＿＿＿＿＿＿（為什麼）。

以這個案例來說，任務宣言可以是：

我想要度假，藉由遠離辦公室，讓自己放鬆。

雖然這段宣言沒有任何不妥，只要再深入思考，就可以幫助你發現這趟旅行是否和某件對你有意義的事情有關。畢竟，你不需要旅行，也能遠離辦公室。所以，這趟旅行有什麼事情讓你覺得開心？我們可以使用「五個為什麼」（第 260 頁），幫助我們更深入挖掘真正原因。

一、為什麼你想要旅行？想放鬆。

二、為什麼？因為工作讓我壓力很大、情緒低落。

三、為什麼？因為每天一成不變，而且我感覺很疏離、很孤單。

四、為什麼？因為我的生活就只限於辦公室隔間和客廳沙發，沒辦法和我在乎的人碰面。

五、為什麼？因為我沒有時間。

現在我們已經找出可以開始面對的痛苦點。首先列出已經浮現的關鍵主題：限制、無聊、沮喪、孤獨、罪惡感。這些就是你的動機可能來源。這次旅行的目標是獲得相反的感受，遠離上述的痛苦：自由、興奮、快樂、連結、以及驕傲。我們現在重新改寫宣言，強調內心的渴望：

「我想要度假，藉由與我在乎的人共度珍貴的時光（連結），一起開心地（快樂）探索熱帶地區（自由和興奮），讓自己意識到什麼才是我應該要努力做的事情（驕傲）。」

這個簡單的練習不僅幫助我們思考旅行的優先順序，而且未來當我們情緒平靜、放鬆地享受陽光時，可以提供我們思考所需的基礎。這項技巧可以應用在任何專案。例如：

「我想要寫一本書，藉由分享如何過著有方向的生活，讓自己有機會與人分享如何對自己的人生擁有更多主導權。」

或是：

「我想要念護理學校，藉由學習如何治療疾病和疼痛，讓自己有能力幫助人們。」

　　你可以隨意寫出你的宣言。只要確定它能幫助你挖掘背後的動機，找出做某件事對你重要的原因是什麼。未來在你投入專案的過程中，這份宣言可以提醒你，哪些事情必須優先處理，需要時可以成為你的指南針。

　　寫下任務宣言也是「喚醒頁面」（wake the page）的好方法。這是我用來形容第一次在頁面上書寫文字的行為。這時你的思考超越了內在與外在世界之間的距離，你的想法從此有了生命。起步永遠是最困難的部分。還有什麼方法比起描述你的渴望更能喚醒頁面？不要想太多，直接寫下自己的感受。這不是合約，只是幫助你跨越起始線的好方法。

設　計

DESIGN

「對設計師而言，
當他發覺已經無法再刪減任何東西、
而非無法再增加任何東西時，
他就知道已經達到完美。」
——《小王子》作者安東尼・聖修伯里
（Antoine de Saint-Exupéry）

　　如果你用子彈筆記關鍵字在網路上搜尋，就可以看到許多人精心設計以及搭配插畫的筆記範本。這些筆記相當精美，有些人可能因此覺得受到鼓舞，不過對多數人來說卻可能因此卻步。有人認為自己無法使用子彈筆記，因為他們不是藝術家，或是覺得自己的手寫字不夠好看。現在讓我來幫大家排除這些擔憂。使用子彈筆記，唯一重要的就是內容，而非呈現方式。如果可以同時兼顧兩者，那麼我要脫帽向你致敬。但是，使用子彈筆記唯一需要的藝術技能就是畫直線。如果你可以做到，就沒什麼問題了。正如同子彈筆記達人提摩西・克林森（Timothy Collinson）所說：「我的筆記應該是你見過最不起眼、最簡單的子彈筆

記，我完全不是藝術家或書法家。但是我必須老實說，子
彈筆記改變了我的人生。」

　　當你在組織子彈筆記的內容時，目標應該是讓子彈筆
記的功能性、易讀性、持續性達到最佳化。在這一章我會
個別深入探討並提供建議，希望這些建議對你有幫助。

功能性

　　工業設計師迪特・拉姆斯（Dieter Rams）是當代最經
典的收音機、電動刮鬍刀、以及家電產品設計的幕後操刀
手（傳說某些產品的設計激發了 iPod 的原始設計），他常
說「Weniger aber besser」，意思大略是「少，卻更好」。這正
是子彈筆記遵循的原則之一。形式絕對不可以蓋過功能。
你的設計必須精簡到只保留核心的本質，讓你只需要專注
於真正有意義的部分就好。如果你發現美化筆記本，是維
持動力和生產力的重要因素，那就去做吧。但要記住，設
計子彈筆記的目的是為了幫助你進步，而非阻礙你。

群組的功能重於形式。
如此才能有效幫你執行真正重要的目標。

這不僅適用於子彈筆記的設計，同樣適用於筆記的資訊，例如重量、時間、距離、名稱、事件等等。例如，「習慣紀錄表」（habit trackers）群組的目的，是藉由記錄事件的進度，例如閱讀、冥想、運動或是一日飲水量等等，幫助你建立新習慣。因為有太多事情可以被改進，我們很容易在一開始過度熱衷，一次做太多。例如，不要同時記錄六種習慣，否則很快你就會感到喘不過氣、不堪負荷、缺乏動力。你不僅需要花很多時間同時養成這麼多新習慣，而且失敗的機率相當高。一次只記錄一項你認為最迫切需要養成的新習慣。冷靜。有所選擇。正如同拉姆斯先生所說：「從少開始，但做得更好。之後可以再加。」你的群組必須聚焦在最優先事項。

另一個衡量子彈筆記功能性的有效指標是：它是否會過時。設計良好的群組不僅能達到目的，許久之後依然能提供有用的資訊。過去我建立了許多群組，在當下是有意義的，但事後回頭再看，我卻無法理解當時的想法是什麼。要確認你的版面設計不會過時，一個很好的作法就是連陌生人也看得懂子彈筆記的內容。不過我要澄清一下。我的意思不是要你和其他人分享子彈筆記的內容！重點是群組的功能性必須經得起時間考驗，未來有一天我們會需要重新使用這些筆記，所以設計要盡量保持簡單，讓未來的你能夠想起如何以及為何要建立這個群組。

> 無論經過多久，群組必須一直
> 能像當初建立時一樣對你有所助益。

　　每當你重新啟用舊群組時，要仔細檢查。哪些是可行的？哪些是不可行的？我可以改變哪些小細節，提升功能性？保持設計精簡，就更容易找出改進的機會。保持簡單、聚焦、切題。

易讀性

　　我們的筆跡展現了個人的風格。它反映了書寫當下的感受，不論好壞。開心時字或許會變大；壓力愈大，字跡就愈扭曲，甚至難以辨認。若是如此，不妨嘗試使用不同的手寫方式和工具。你不一定要使用某種特定的書寫風格或用具，但是如果你發現自己的字跡難以辨認，可以考慮作出改變。你會驚訝地發現，自己的字跡因為這些細微的改變而有所不同。例如，我發現如果全部用大寫字，可以解決兩大問題：我會刻意放慢書寫速度，強迫自己小心且精簡地選擇用字，同時增加易讀性。我也開始使用簽字筆，極細的筆尖設計讓我無法寫太快，因此我被迫要調整以及改變寫字的方式。

如果你願意的話，可以嘗試接觸簽字筆和墨水的世界，講究優雅、傳統與歷史，對於如何讓墨水流暢地揮灑於紙上，至今已累積了數百年的知識。只要不讓你的筆成為阻礙你寫作的絆腳石。你的筆不是魔杖，只是工具，負責將魔法傳遞到紙上的，是你。

易讀性不只是我們選擇寫下什麼，也是我們決定不寫什麼。法國作曲家德布西（Claude Debussy）曾說，音樂是存在於音符之間的空間。[57] 在平面設計的世界，這個空間就是頁面上的留白。這是刻意保留的元素，目的是為了強化視覺焦點、結構與清晰度。你的設計必須保留呼吸的空間。如果你希望提升筆記版面的易讀性，就不能太過密集。你可以計算好比例，給予文字、表格、或是條列清單多些空間。有時候甚至要減少頁面上的資訊量。這也沒關係。當你在思考如何架構資訊時，目的是為了增加易讀性、可理解性，讓頭腦保持清醒。我們只保留空間給真正重要的事情。

持續性

群組需要投入時間和精力，所以我們要確定它值得投入。每個群組，都是為了解決特定挑戰而建立的，例如索引（第 125 頁）源自於某個挫折：不知道特定內容被記錄在筆記本的哪個地方；月誌（第 115 頁）則是為了回應一項重要

的需求：知道當月整體的任務與投入時間。這些群組已經一再地被證明是有價值的，值得我們投入注意力去維持。

別讓維持群組變成乏味的例行工作。許多人放棄使用子彈筆記，是因為他們花太多時間美化筆記本。美化本身並沒有錯——除非它成了拖累。這代表已經失去了平衡；如果你認為獲得的回報遠遠不如付出，就讓一切簡單化。

好消息是，在你進行每月轉移或是年度轉移時，自然會剔除無法繼續維持的群組。如果你很久沒再更新某個群組，就表示這個群組不會為你的生活創造價值。不如直接刪除。這不是失敗，而是很重要的啟發，可以應用在未來的群組規畫。你可以了解為何某件事不可行，未來才能設計出可行的呈現方式。絕對不要讓挫折和失望阻礙了你學習的機會。

使用子彈筆記的一個關鍵是了解自己對什麼事情感到好奇、會自然而然被哪些事情所吸引。進行轉移時，仔細評估既有的群組，就可迅速知道哪些事情佔據你的注意力，或者你正在煩惱哪些事情。觀察自己多久更新一次群組，就能有許多發現，包括你的行動以及組織想法的方式。隨著時間的累積，你會知道什麼樣的版面能幫助你更清楚地思考、聚焦，創造有意義的進步。你會更有目的地選擇你要做的事情，並且改進做事的方法。這正是為什麼子彈筆記能幫助我們持續改進。

計 畫

PLANNING

「沒有計畫，就是在計畫失敗。」
—— 美國開國元勳班傑明・富蘭克林
（Benjamin Franklin）

　　你無法計畫避免失敗，但是在投入專案之前，可以做些簡單的工作，增加成功機會。不論是計畫夏威夷旅行、網站重新上線或是做簡報，在你思考如何擬定行動計畫之前，暫停一下，明確定義各項因素和變數，就能確保自己的時間和資源獲得最妥善的運用。

　　專業主廚在下廚前會將所有食材準備好、擺放好。蔬菜切好、配菜剁碎、工作檯清乾淨。這就是法文所說的 mise en place，意思是「就定位」，或是法文的 mise（佈置，和 cheese 押韻）。這樣廚師才能專注於真正重要的事情：創造佳餚。在子彈筆記中，你就是那位主廚。

群組就好比餐點，是各部分的總和。如果要創造有意義的群組，就必須定義你需要的「食材」。可能是以數值的形式呈現，例如期間、重量、距離等。你的群組設計必須能清楚地留存以及組織這些元素。

現在我們可以依據上述原則，建立「夏威夷假期」群組。腦力激盪時，我們會找出各種不同的資訊——也可以稱之為食材——將它們分類，放到適當的位置（就定位）。我們可以問自己一些小問題，例如我想要去哪裡？我想要做什麼？我為什麼想去？我的預算是多少？我們可以依據這些問題，定義有哪些類別，例如目的地、活動、行程和預算。當你開始腦力激盪時，條列出這些類別以及必須考量的事項，然後就可以開始建立專案的結構（第 303 頁）。

現在我們已經列出所有必須考量的事項，就可以把這個群組拆解成獨立的「次要群組」，建立專案的細部架構。

研究

每項任務都充滿未知，但是事先做好功課就能走得長久，同時幫助你克服任何行動最困難的部分：起步階段。首先，做好研究才能熟悉專案的整體樣貌，更容易進入狀況。當我們愈清楚未來可以期待什麼，抵達時就愈不需要胡亂摸索。這看起來很理所當然，但許多人投入專案時，

夏威夷假期

任務宣言
「我想要度假，藉由與我在乎的人珍貴的時光，
開心地探索熱帶地區，
讓自己意識到什麼是我應該要努力去做的事情。」

目的地
— 我想要去夏威夷的哪裡？

活動
— 我想要做什麼？
— 我的旅伴想要做什麼？

時間
— 度假日期
— 飛機時間
— 當地通勤時間
— 活動時間

預算
— 飛機
— 租車
— 住宿
— 汽油
— 食物
— 活動

會很高調地開始行動，卻不知道自己要處理什麼樣的問題。雖然他們的努力值得讚揚，卻很可能無法持久，很快就被迫屈服於原本可事先避免的問題。

假設你希望成為素食主義者。經過研究和規劃，你知道冰箱應該放哪些食材，如何準備一星期的美味餐點，才能順利啟動這項計畫。如此一來，在你開始新生活的第一天，冰箱不會是空的，你不用餓肚子、也不會沒東西可吃 —— 除非你因為持續感覺受挫、失望和壓力而破戒吃下牛肉墨西哥捲餅。正如同我先前所說的，當我們覺得不堪負荷，就很容易失去動力和興奮感。但只要事先做好研究，就能避免這樣的事情發生。

但是另一方面，也不要陷入研究的深淵。充實自我是一件有趣的事情，也會讓我們感到有生產力，但是對某些人來說，很容易就變成逃避行動的藉口。當你研究愈久，就會發現愈多的選擇，你會不知所措，不知從何開始。我們必須避免這種惡名昭彰的「分析癱瘓」（analysis paralysis）現象。我們需要做研究，但必須有實質的進展。要如何適當分配時間，兼顧兩者？這時候時間箱（第 216 頁）就可派上用場。

時間箱的做法讓你的研究有確切的起始和結束點，提供你探索問題需要的固定空間。有些人喜歡在研究時段設定計時器，幫助他們保持專注力，同時又能避免陷入網路

黑洞之中。

　　當你設定好研究期限時，也要限制研究時段的數量。例如，計畫夏威夷旅行時，你的首要任務之一就是研究各個小島，然後再決定要旅行的地點。每座島都有許多值得去探索的好玩活動和景點。為了避免研究本身成為導致你分心的工作，每座島只能有兩次研究時段，每次限時三十分鐘，同時要把排定的研究時間標記在日曆上。如果你需要更多時間，也沒關係，只要隔開研究時段，就能讓每個時段保有一定的生產力以及時間限制。

　　在初期研究期間，可以先建立「目的地」次要群組。在第一頁，寫下可列入考量的幾座小島。接下來每一頁的內容聚焦在某個小島，寫下在這座小島旅行時可以從事哪些活動。驚奇的火山健行？刺激的衝浪？在村莊漫步？現在，不用想如何做（我如何負擔這趟旅行？如何抵達？要住哪裡？）的問題，稍後再來想。先專注於找出哪件事情最能支持你的宣言，也就是你計畫這趟旅行的主要理由。當你開始執行專案，就可以把這項次要群組加到索引頁。只要標明群組第一頁的頁碼就好。誰會知道最後會需要幾頁的空間？

　　先前我曾提到，卡波耶拉老師原本沒有提供任何脈絡資訊，所以他們做的動作對我來說不具有任何意義，同樣地，沒有事先計畫的行動也毫無意義。如果沒有明確的目

的，任何行動只是在浪費動作與精力，不僅沒有意義，最終更容易因為失敗而失望。沒錯，我知道我們的專案「只是」一段假期，但是我們投入的是寶貴的時間、精力和辛苦賺來的錢。為什麼不讓這些投入有最好的回報？

清　單

LISTS

在假期專案中，我們要處理不同類型的資訊（日期、時間、金錢等等），所以可以針對每種類型的內容，量身定做最能符合功能的版面。例如，預算和行程是兩種不同的目標，設計當然也不同。

最基本的範本就是清單。清單是有效組織內容的方法，而且方便簡單。清單格式強調每條列點比須簡短切題，讓我們能快速掌握訊息內容。很少其他設計格式可以做到用簡單的方法達到如此多元的功用。這是為什麼清單模式成為子彈筆記的核心設計範本。

我們現在來看在夏威夷毛納基火山（Mauna Kea）可以從事哪些活動的清單。理想狀況下，我們可以開心地完成清單上的每項活動，但事實上不可能。清單很快就會變得太長、難以執行，所以這一章我們會介紹一些快速統整清單的方法，讓你的清單聚焦且容易管理。

設定優先順序

擬定清單時，我們只是在蒐集資訊：這個看起來很有趣，那個似乎很重要等等。我們埋頭蒐集資訊。清單大致完成之後，就要後退一步冷靜思考。哪個項目引起你的興趣？哪個沒有？專注在讓你感到興奮的事項⋯⋯或是重要的項目。將每個項目放在你的心理天平上掂量，在你感覺最強烈或是最有時效性的項目之前加上「＊」標記符號，代表這些項目為優先事項，然後刪除你覺得不怎麼有興趣或是不太重要的項目。畢竟我們的目的不是要設計「還好」的生活體驗。

最後，在我們設定優先事項時，必須考量人性因素。在這個案例，如果你是和其他人一起旅行，當你開始刪除清單的項目時，較好的做法是考量你的旅伴會在意哪些事情，喜歡或不喜歡哪些事情。你不一定要犧牲自己想做的事情，但是這麼做可以幫助你在眾多的可能選項當中做出決定：去黑沙灘還是綠沙灘？其他人都去過黑沙灘了？就決定去綠沙灘！

毛納基火山

 ✳   翡翠池

     熔岩地

 ✳   火山森林

     野生刺魟海灘

 ✳   夜市

     慕諾亞瑜伽學校

     ~~黑沙灘~~

     綠沙灘

     海龜沙灘

     火山沙灘

脈絡

在我們提供的案例中，你會看到一份列出了在毛納基火山所有看起來有趣且令人興奮的活動。這是好的開始，但是清單本身無法提供太多的脈絡訊息。就好比你坐在餐廳裡，菜單上的餐點看起來都很好吃。直到我們看到價格、食材、熱量之後，就會開始縮減選項。脈絡可以提供我們設定優先事項時需要的資訊。為了達到這個目的，我們必須在清單中加入決定性因素，增加必要的脈絡資訊，例如地點、時間、成本，幫助我們做出決定。

我在清單上增加了時間欄位，標示各地點的開放時間，這樣就不會到了當地卻發現每週三不開放。這確實發生過。標註開放與關門的時間，也能提供你在規劃度假日期時需要的脈絡資訊。

在地點欄位，N 代表「北部」、S 代表「南部」、E 代表「東部」、W 代表「西部」、C 代表「中部」。這樣就可以看出我有興趣的活動，彼此之間的地理位置關係，以便更有效規劃交通與住宿，做出更好的決策（如果是我，寧可在每個地方多待一些時間，而不願浪費太多交通時間）。有了清楚的地點資訊，如果原本計畫有變，也能臨時規劃附近的其他景點。

成本欄位自然是一定必備。加上價格資訊，一旦決定

了預算上限，刪減清單時便可以此作為依據。但我要特別澄清，價格昂貴的選項不代表就必須被刪除。這只是幫助我們稍後在做決定時有參考依據。

目前你的清單可能還是有非常多選項，因為它們看起來都很有趣。沒關係。在計畫的過程中，我們會不斷重新檢視這份清單，當我們稍後設定新的群組時，會出現新的考量因素，屆時便可利用新出現的因素重新考慮這些選項。正如同所有的核心群組，你的客製化群組彼此之間也會互相影響。為了讓你更好理解，接下來我們分別針對預定行程以及預算建立獨立的群組。

毛納基火山	時間	地點	成本
✳ 翡翠池	星期三／9～4	北部	124
熔岩地	星期三／11～6	南部	65
✳ 火山森林	不固定	西部	32
野生刺魟海灘		東北部	10／小時
海龜沙灘	星期一～四／8～4		
✳ 夜市		西南部	
慕諾亞瑜伽學校		西部	
~~黑沙灘~~		東部	
綠沙灘		西北部	
衝浪板租借		西部	
衝浪板租借 2			

行　程

SCHEDULES

　　對任何專案來說，時間都是很重要的考量因素，即使是（尤其是）旅行。當我們完成活動清單後，接下來就是依據時間這項因素，將活動脈絡化。所以我們需要建立行程群組。或許你以前已經建立過行程表。若是如此，現在重新翻閱，回想當時的狀況。仔細研究以及思考那時使用體驗是否符合需求。

　　你從中學到了什麼？你是否過度樂觀，行程排得過度密集？讓你有壓力，而且筋疲力竭？當初你的行程安排是否太過隨興，結果發現有你不知道的博物館展覽、但沒有時間去參觀，餐廳服務生語氣冷淡地告訴你必須在兩星期

之前預訂座位，許多有趣的一日遊行程之前都不知道？這麼做並不是要你執著在過去，而是為了重新運用你學到的教訓，才更有機會享受更美好的旅遊體驗。這一次你會有哪些不同的做法？

我們先開始排定何時出發。任何事情都永遠不會有所謂的完美時機，但不要讓這成為你的藉口。抱持務實的態度，你一定希望儘可能空出最多的時間。如果你是朝九晚五的上班族，那麼最好的旅行時間就是緊接著國定假日，這樣就可以延長天數，卻不用犧牲太多有薪假。

確定旅行日期之後，就可以依據日期安排行程。這是少數我會同時使用簽字筆和鉛筆的情況。這時你需要做出許多決定，而且需要隨時更新。你的設計一定要考量到實用性。如果群組目的是為了排定順序，例如事件或活動，那麼你所使用的工具就要有一定的彈性。

1. 我在設定群組時會考量相關的變數：在什麼地點、在什麼時間、做什麼事情。第一欄是地點。我們會在不同小島之間往返，所以必須知道哪一天待在哪個小島，這點非重要。以夏威夷假期專案而言，第一欄寫上地點，並附上機場代號以及記錄這個地點相關資訊的次要群組頁碼。我在次要群組建立了串連（第 132 頁），萬一某件事不可行，可立即找到替代方案。文字敘述垂直往下條列，並在視覺上做

出顯著區隔，當我們加上日期之後就能看得更清楚。你可能發現到，地點欄位打破了日期之間的界線，目的是凸顯不同地點之間的轉換，而且更容易辨認日期。此外，地點欄位會延伸到後續的日期，而且欄位高度不一。欄位的區隔線大致反映了對應的日期當天的時間點以及飛機時間，這樣就更能清楚知道什麼時候要打包行李。

2. 下一個欄位是顯示「何時」，依照時間順序在左邊欄位寫上旅行的日期。為了增加易讀性，把標明日期和星期幾的欄位留下較大的空間，方便一眼就看出。

3. 日期和地點都標好之後，接下來就是填上活動。安排在早上的活動寫在最上面，然後依據時間順序往下條列。有些活動需要事先預訂，所以在每項活動之前標明開始的時間。先填上已經排定時間的活動，可能會有些幫助。知道活動的開始與結束時間，才能確定如何排定「目的地」次要群組中各項活動的時間。

你可能覺得太麻煩，你的旅遊計畫通常是隨興而行。但這只是一個簡單的範例，讓你知道在設計和記錄自己的群組時必須考量哪些因素，無論是什麼樣的群組都可適用。這是你的旅程，有時候在出發之前，了解如何畫地圖會很有幫助。

夏威夷預定行程

H.N.L / 11.	25 星期二	9:00	入住 @ 珊瑚礁飯店
			城鎮與海灘
		3:00	昆達里尼瑜伽課
		7:30	晚餐 @ 蘭姆桶餐廳
M.U.E / 12.	26 星期三	11:30	退房
		4:00	飛往毛納基火山
		5:30	卡波耶拉課
		8-10	鬼蝠魟潛水
	27 星期四		翡翠灣日！
		3:00	衝浪課
		7:30	晚餐 @ 祕密花園餐廳
	28 星期五	9:00	瑜伽課
			熔岩地
		3:00	晚餐 @ 衝浪屋餐廳
		7:30	夜市
H.N.L / 11.	29 星期六	9:00	退房
		11:00	飛往檀香山
		7:30	晚餐 @ 科納壽司店
	30 星期日	9:00	退房
		11:00	飛回家
		3:00	晚餐 @ 吉米斯餐廳

紀錄表

TRACKERS

「無法衡量的事物，就無法管理。」
—— 彼得‧杜拉克

　　子彈筆記很常見的客製化群組就是「紀錄表」（tracker）。你可以採用任何你能想到的形式。有人手繪書架，上面排列著自己讀過的書；或是用爆米花記錄看過的電影。這些有趣的紀錄方式讓你的群組變得有個性、有創意，不過最成功的紀錄表的首要目的，是幫助你監督達成預定目標的過程。

　　紀錄表可以讓我們知道，如何將看似壓力沈重的大型目標，拆解成小規模的可行步驟。有了紀錄表，原本讓人膽戰心驚的任務變得容易管理，促使我們更誠實面對自己。我們的記憶和身處的現實通常不會是我們最要好的朋

友。如今有個地方可以讓你記錄以及客觀地監控進度，幫助你朝向正確的方向前進。

以我們的案例而言，我們可以建立預算紀錄表，達成兩個目標。第一，將所有優先事項整合在同一個頁面，完整顯示這趟旅行的成本。第二，監控自己是否按部就班地累積達成目標所需的資金。

這裡提供一份基本的預算紀錄表。總共分成三大主要欄位。第一個欄位是活動清單。第二個欄位是成本，包括每項活動的總金額以及每個月必須存錢的金額。第三個欄位是進度紀錄，列出直到出發前的各個月份，代表了所有活動成本攤提的期限。如此一來便能立即看出每個月必須存多少錢，以及距離預定目標的進度。如果有某個月沒有達到預定的存錢目標，我就會在相對應的欄位裡標記短少的金額，必要時可以盡快想辦法補足。

你可以看到紀錄表的最下方列出了總金額，旁邊加上了月份。這樣就可以立即掌控進度。「－」代表短少的金額，「＋」代表超出最低存款要求的金額。

這樣的呈現方式可以讓你一眼就看出這趟旅行的整體財務需求，而且容許犯錯的空間。有時候意外發生其他事情，導致某個月你可能沒有足夠現金。這是很重要的資訊。因為你很容易就忘了記錄進度，特別是缺錢時。持續記錄

夏威夷預算

花費項目	總額／月	4	5	6	7	8	9	10	11
夏威夷機票	1200/50	X	X	X	X	X	X	50	X
毛納基火山機票	120/15	15	X	X	X	X	X	X	X
火奴魯魯機票	140/17	X	18	X	X	X	X	X	X
火奴魯魯飯店	360/45	X	X	X	X	X	X	X	X
毛納基火山飯店	235/29	30	X	X	X	X	X	X	X
衝浪課	100/13	X	X	X	X	X	X	X	X
熔岩地	25/3	X	X	X	X	X	X	X	X
與鬼蝠魟潛水	100/13	X	X	45	X	X	X	X	X
食物預算	350/44	X	44	X	X	X	X	X	X
汽油	100/13	X	X	X	X	X	X	X	X
雜支	500/62	X	X	X	X	65	X	X	X
總金額	3,230/404 ＋ －	4	5	6	7	8	9	10	11
								217	50
		45	62	45	0	65	0	50	0

才能取得必要的脈絡資訊，敦促自己繼續向前。

運用群組建構脈絡

　　這些專為特定目標而建立的紀錄表可以和日誌搭配使用，提供你更多脈絡。前者幫助你衡量，後者提供你迫切需要的洞見。我是因為懶惰、生病、心情不好，才沒有去健身房？什麼樣的環境會激勵我進步或是阻礙我進步？

　　當然，持續進步很重要，但不應該是唯一的焦點。只看重結果，會讓你忽略了過程中浮現的寶貴資訊。記錄的目的除了讓自己進步之外，也是在幫助你建立自我意識。

　　為了創造真實的進步，你必須了解自己的努力帶來哪些影響。你必須了解哪些事可行或不可行，以及背後的原因是什麼。減重十磅的目標很好，但是更重要的是，你發現了這目標與健身房無關，而是與你的飲食有關。目標與行動之間不一定有直接的相互關係，但是只要你持續記錄，就可以看出其中的模式。這才真正重要的，你必須清楚知道事情的前因後果。當我們知道的愈多，我們的行動就愈有效，愈能創造顯著的進步。

客製化

CUSTOMIZATION

　　建立客製化群組的重要目標之一，是讓你的子彈筆記能忠實反映你的各個生活面向。但每次開始新的事業、新的旅遊探險或是新的生命歷程，並不需要從畫輪子開始重頭來過。通常只要運用核心群組，將其客製化符合你當下的情境即可。

　　例如，平時在家時，你的日誌可能處於工作模式，主要是記錄任務、組織工作。但是當你出門旅行時，就會進入假期模式，不會以工作導向的方式使用你的日誌——因為你正在度假！旅行打破了我們的例行作息，讓我們有機會接觸新事物。我們的腦海會浮現各種想法，你需要時間

消化和體會，其中一種很好的方法就是寫下來，將它們移出你的大腦。

長篇日記

長篇日記（long-form journaling）的一大好處是可以詳細記錄，特別是當你需要消除壓力或是克服焦慮時。如果你正在閱讀這本書，你可能在人生某個階段使用過某種更傳統的日記形式，像是表達性書寫或是晨間筆記（morning pages），或許你一直使用至今。常有人問我，如何將長篇日記與子彈筆記結合。現在我們就來說明如何客製化日誌，幫助你快速記錄你的想法，同時又能撰寫長篇日記。

你在飯店房間裡或是在沙灘上躺著，這時正是你的反思時間，你翻閱著自己的子彈筆記本，隨手寫下任何重要的、有趣的、大量的想法，就如同你在寫其他註記內容一樣。但是，這不只是另一個註記，對吧？它讓你分心，持續盤據你心頭。它需要你投入更多時間和注意力，你必須將它們寫下來，並仔細檢視。若是如此，那麼你只需要將註記的「－」標記符號改成「＋」即可。現在你可以快速瀏覽你的註記，當你準備好要坐下來仔細寫下某個想法時，再把它寫下來。書寫時，盡可能給予自己思考的空間。畢竟，這正是子彈筆記存在的目的。不用讓長篇形式成為你固定的習慣。你只需要知道有需要時，可以運用這項工具幫助你。

12.20 星期一

- ○ 前往綠沙灘
- － 天空出現戰鬥機
- ○ 瑜伽課
  - － 身材欠佳
  - － 感覺有壓力
- ＋ 琳達需要給自己更多肯定
- • 預訂拉茲羅餐廳座位
- • 多買一些防曬乳液

琳達

我發現琳達最近對自己比過去還要嚴厲，即使發生在她身上的都是好事，像是升遷、新的工作夥伴等等。相較於以前，她似乎給自己更多壓力。是因為她想要證明自己不是只靠運氣？或是某種「冒牌者症候群」（imposter syndrome）？不論原因是什麼，我擔心她會負擔太重。我只是擔心，或許不是每件事都像她說的那樣美好。過去的她努力要「享受當下」，現在的她卻不斷逼自己往前進，沒有意識到現在的她已經比一年前要好很多。

12.21 星期二

- ○ 看海豚
- － 嚴重曬傷
- • 找時間和琳達聊聊
- • 打電話詢問夜市公車

當然可以根據長篇日記的內容創造新的任務

323

習慣紀錄

　　另一個客製化既有群組的做法就是將習慣紀錄（habit tracking）與月誌結合。這個簡單的做法可以讓你輕鬆監控想要建立或打破的習慣。例如，我想要記錄一個月內下廚、閱讀、上健身房的次數。在日期的最下方，我加上了關鍵字（第 325 頁）說明：C 代表下廚，R 代表閱讀，G 代表健身房（未來當我翻閱這本筆記本時，就可以馬上知道自己在寫什麼）。在頁面最右側空白處，我增加三個欄位：C、R、G。這些欄位都可以對應當月的每一天，這樣只需要利用既有範本進行簡單調整就好。在表格裡填上任務，當我成功採取行動，就在表格內打「×」。隨著時間的累積，這份紀錄表可以讓我清楚看到整個月的進度，知道自己的認真程度。簡單的做法，卻能因此增加非常多的功能。

　　有些人會在日誌中加上天氣，有些人則是加上已經確認的事情。你可以調整先前向你說明過的任何元素。如同前文所說，你可以任意改變，只要符合你的需求。但我的意思不是要你做任何你想做的事！增加的內容或是客製化要確實對你有幫助才行。少，卻更好。

一月			C	R	G
1. 一	與馬克晚餐		×	×	×
2. 二			×	×	×
3. 三	與山姆喝一杯		×	×	×
4. 四	交出麥特公司簡報		×	×	•
5. 五			•	×	•
6. 六			•	×	×
7. 日	櫻花展		×	×	×
8. 一			×	•	×
9. 二	麗莎生日		×	×	×
10. 三			×	×	×
11. 四	以色列格鬥術入門		•	×	•
12. 五			•	×	•
13. 六	與團隊喝一杯		×	×	×
14. 日			×	×	×
15. 一			•	×	×
16. 二	人工智慧講座		×	×	×
17. 三	飛輪課		×	×	×
18. 四			×	×	•
19. 五	和達比吃拉麵@一蘭		×	×	•
20. 六	和尼可拉斯看電影		×	•	×
21. 日			×	×	×
22. 一			•	×	•
23. 二	提姆的生日		•	×	×
24. 三			×	•	•
25. 四	成功爭取到維克多客戶！！		×	•	•
26. 五			×	×	•

C 下廚
R 閱讀
G 健身房

記得要加上關鍵字說明，
以免之後忘記自己記錄的內容。

社 群

COMMUNITY

　　沒有其他事情比得上子彈筆記社群,更能凸顯子彈筆記廣泛應用的可能性。這個社群橫跨各種族群、流派、五大洲以及不同產業。如此多元的組成,創造出無數解決方法,可用來應對在我們有限生命中常見以及少見的難題。

　　你或許已經注意到,第二篇的某些章節在標題之下有列出 # 主題標籤。這些主題標籤可以幫助你在社群平台上,例如 Instagram 或是 Pinterest,搜尋相關主題的資訊,提供你需要的靈感以及支援。這裡我再列出其他主題標籤:# 子彈筆記符號(#bulletjournalkey)、# 子彈筆記感恩誌(#bulletjournalgratitudelog)、# 子

彈 筆 記 食 物 誌 (#bulletjournalfoodlog)、# 子 彈 筆 記 心 情 誌 (#bulletjournalmoodlog)、# 子 彈 筆 記 健 身 房 (#bulletjournalgymlog)。

如果你覺得太多,可以先從 bulletjournal.com 網站開始。你可以在網站中找到教材、案例以及額外的資源,這些都是由子彈筆記社群提供的。我從中挑選出幾個設計巧妙、有創意的案例與大家分享。

在你往下看之前請記得,你所看到的範例是歷經多年的探索與練習的成果。每本子彈筆記本都是通往內在自我的旅程。這些子彈筆記達人提供他們的筆記範本,分享子彈筆記對他們生活帶來的影響,希望藉此可以激勵你,運用自己獨特的方法追求自己的旅程。

金・艾爾瓦瑞茲 (@tinyrayofsunshine)

二〇一三年八月,我在網路上搜尋有什麼樣的技巧和概念,可以幫助我讓生活步上軌道。湊巧在 Lifehacker 網站上看到一篇關於子彈筆記的文章,看到瑞德的教學影片時,我立刻愛上了它。「這套系統真的是太天才了!」我開心得大叫,興奮地拿出已經用了一半的筆記本,重新賦予它新生命。

　　大約二十分鐘後，我男朋友到我家，我興沖沖地播放影片給他看，我們兩人都對這套系統的簡單感到大為驚訝，並立即開始使用子彈筆記。

　　我一直很喜歡筆記本，也會花時間寫日記、繪畫、做計劃以及記錄想法，子彈筆記是非常好的解決方法，可以包容我的廣泛興趣。

　　子彈筆記令我感到興奮不已的一個功能是感恩日誌。以前我就很喜歡思考並寫下要感謝的事情，我發現這麼做是讓自己去注意日常生活的小確幸，我的心裡也會立即變得好過一些。我很感謝，在需要時能夠抓住這些有意義的時刻。

　　這套系統提供的彈性可以包容不同需求、建立個人化特色、而且讓使用者更有自主性。我每天可以根據當下的情況，建立符合我需要的使用方式。

　　我很感謝瑞德願意與全世界大方分享這套足以改變人生的系統，並透過獨特的類比方法，掀起了一場強調簡單、心念以及有意識生活的運動。

Gratitude Log

I'M GRATEFUL THAT RYDER SHARED THE BULLET JOURNAL
WITH THE WORLD!

I'M GRATEFUL TO LIVE IN A
SAFE, PEACEFUL, & LOVING
HOME

I'M GRATEFUL TO HAVE A COZY
READING CHAIR TO ENJOY READING
ON

I'M GRATEFUL FOR RAINBOWS THAT VISIT ME

I'M GRATEFUL FOR MY MIND & HEART

I'M GRATEFUL FOR THE KINDNESS OF OTHERS

I'M GRATEFUL FOR REFRESHING SHOWERS

I'M GRATEFUL FOR SUNNY DAYS

I'M GRATEFUL FOR THE LOVELY FRIENDS I'VE MADE IN MY
LIFE

I'M GRATEFUL FOR ALL THE EXPERIENCES THAT LED TO THIS
MOMENT

I'M GRATEFUL FOR RANDOM FRIENDLY INTERACTIONS WITH
OTHERS

I'M GRATEFUL FOR SPECIAL SNAIL MAIL

I'M GRATEFUL THAT MY THOUGHTS & IDEAS RESONATE
WITH OTHERS

卡拉 · 班馳（@boho.berry）

我的子彈筆記之旅始於二〇一五年八月。

離開工作了十五年的餐飲業，我在 Etsy 電商平台開了一家手工珠寶店。為了讓生活更有組織，我用過各式各樣的計劃表，嘗試不同類型的手帳，但沒有一個適合我。我甚至嘗試過應用程式，但是都無法提供我忙碌的生活以及事業成長需要的彈性。

後來我明白，我必須設計自己的計劃表，卻不知道從何開始。當我在 Pinterest 搜尋「自製計劃表」時，我發現了子彈筆記。

當時並沒有太多關於子彈筆記的範例，我看完子彈筆記網站，並修正我之前看過的其他做法之後，我開始寫第一本子彈筆記本。如今已有兩年半的時間，當時我絕對想不到這套簡單的系統如何改變了我的人生。

我被這個社群說服，如今也成為其中的一份子，過程中我更加認識自己。我的生活變得有組織，我自己也成長了許多。過去這段期間我有機會激勵其他人。

我最喜愛的群組就是週／日誌混合版面。每星期日，我會坐下來列出每週的任務，包括重要的事件和約會。在

DO MORE
of what makes you happy

FEBRUARY

M	T	W	T	F	S	S
			1	2	3	4
5	6	7	8	9	10	11
12	13	14	15	16	17	18
19	20	21	22	23	24	25
26	27	28				

---

mon ● 19

PRESIDENT'S day!

☼ 12 1 2 3 4 5 6 7 8 9 10 11
☾ 12 1 2 3 4 5 6 7 8 9 10 11

⊙ 6AM - OLYMPICS RIDE
→ FILM FP VIDEO
✗ INBOX ZERO
✗ NEW STICKER DESIGNS

I feel like I got a lot accomplished today! Ready to take on the weekend!

52° / 49° ☁ ¨¨¨¨

---

tue 20

☼ 12 1 2 3 4 5 6 7 8 9 10 11
☾ 12 1 2 3 4 5 6 7 8 9 10 11

→ RESHOOT
→ CLEAN/ORGANIZE OFFICE
✗ RESEARCH FILIADY

I was so exhausted all day today. Did a lot of work on my laptop but the day definitely didn't go as planned.

71° / 55° ☁ ¨¨¨¨

---

wed 21

☼ 12 1 2 3 4 5 6 7 8 9 10 11
☾ 12 1 2 3 4 5 6 7 8 9 10 11

✗ PREP FILES FOR MANUF.
→ SCHEDULE APPT. w/ACCT.
✗ REPLY TO EMAILS
✗ GO OVER PLANNERCON WORKSHOP STUFF

Still felt super tired all day. Good call on postponing the videos! Made some great progress on my font though.

77° / 45° ☁ ¨¨¨¨

---

thu 22

☼ 12 1 2 3 4 5 6 7 8 9 10 11
☾ 12 1 2 3 4 5 6 7 8 9 10 11

⊙ 2:30P- CRATEJOY CALL
→ FILM PLAN WITH ME
→ RESHOOT FP VIDEO
✗ SCHED. APPT. w/ACCOUNTANT
✗ FINISH FONT

Felt exhausted again all day. Turns out the "Milena Crash" is a thing and I was right about it all being hormonal.

45° / 21° ☁ ¨¨¨¨

---

fri ◑ 23

☼ 12 1 2 3 4 5 6 7 8 9 10 11
☾ 12 1 2 3 4 5 6 7 8 9 10 11

⊙ 8AM - FT@PH RACE
⊙ 10:30AM - MYCHA VET
~~NEWSLETTER~~
✗ PAYROLL
✗ FILM PLAN WITH ME
✗ WORK ON FONT
→ RESHOOT FP VIDEO

another low energy day but I still managed to get quite a lot done!

45° / 43° ☁ ¨¨¨¨

---

sat 24

☼ 12 1 2 3 4 5 6 7 8 9 10 11
☾ 12 1 2 3 4 5 6 7 8 9 10 11

⊙ 12:45 P- PZE RIDE
✗ CLEAN/ORGANIZE OFFICE
✗ PUBLISH PWM

still felt pretty tired but I was able to get everything done and still have plenty of time to relax overall a pretty good day!

49° / 45° ☁ ¨¨¨¨

---

sun 25

☼ 12 1 2 3 4 5 6 7 8 9 10 11
☾ 12 1 2 3 4 5 6 7 8 9 10 11

→ MEAL PLAN
→ COMMISSARY

had a pretty great day today. Caught up on some shows and also wrote a bunch of letters for incoming.

54° / 41° ☁ ¨¨¨¨

Amanda B'DAY!

當週，我會在空白處列出每天的任務、寫註記以及日記。如此一來每到星期一，就可以看到整個星期的行程，同時規劃每天的細部行程。

迪・馬汀涅茲（@decadethirty）

時間回到二〇一二年八月底，我的周圍四處散落神經解剖學的教科書，裡面還夾著幾張廢紙，上面潦草地寫著一些提醒（其中最顯眼的是「睡一下覺」），還有臨床筆記以及演講簡報，雜亂無章地記錄著重要的段落。當時我意識到，我的組織和規劃系統必須改變。我花了十年時間，想要適應傳統的計劃表格式，最後卻失敗。瑞德的直覺式系統正好在對的時間點出現，改進了我規劃以及達成任務的方法。

從此以後，子彈筆記陪著我度過人生的重要里程碑——完成研究所學業，移居其他州開始新生活、結婚、創立小型網路副業、買下新房、懷孕和育兒、邁入職業父母的新人生階段。子彈筆記給了我非常多幫助，例如依據自己的目標進行規劃、更有效地管理時間、達成人生目標、讓我面對日常任務時少一點焦慮，它讓我認識了成長迅速的計劃表網路社群，成為一分子，並做出貢獻。

我採取極簡風格——沒有酷炫的日期標題、誇大的裝

Farewell July 31

PLAY DATE W·I·T·H *max* & BRIDGET 3

Trm3 STARTS 10

4 WORKING FROM home
How does anyone do it? I end up procrastinating and cleaning the house... 5

MUMMY 7 daughter TIME IN THE 6 City

I feel like 12 I'VE BEEN @ work *entire* 11 FOR AN TERM already

Rough DAYS a mix...

Creative pause 8

1 *wonderful weekend* WITH FAMILY 2

Coffee, LUNCH & Tea 8 & PLAY DATE with Hinako

MEETUP with Lauren 8 9 & SEAN

So MANY *milestones*
using a spoon to eat most of her meals ♥ a language burst ♥ more teeth ♥ throwing away nappies

High Anxiety LOW ENERGY DAYS 17 18 19

Gr Back @ work 10

COUPLE OF fever & VOMITING 13 FOR L

Love 20

14 15 16
22 23
FAMILY TIME

chores NOTHING BUT 21

Precious MOMENTS: L trying hard to figure out the world. 27

MEMORISING THE DETAILS IN HER little FACE ALL

TOO MANY 28 TASKS TO DO ... let's binge watch Netflix instead...

WORKDAZE 24 25 26

~ spontaneous trip to New Farm ~ L spend-ing time w/ mama & amba

MORE FAMILY TIME

L's 10th July Christmas in ABBY'S PARTY discovered the moon 29 30

飾、顏色或是小圖示——但是令我驚訝的是，群組帶給我最大的影響是手寫字留下的記憶。儘管形式會隨著時間的演進而改變，但它的目的始終如一——以有創意的文字內容記錄當天的回憶。這個過程讓我得以將保存記憶以及對手寫字的熱愛結合在一起，而且在記錄的當下可以有意識地暫停。

艾迪 · 霍普（@itseddyhope）

　　嗨，我是艾迪。我是一位自由工作者，已婚有小孩，在社群媒體產業工作。同時管理多個客戶以及策略不是一件容易的事，所以我想要找到方法，幫助我有組織地工作。許多人都提到數位工具，但是我發現要找到完美的數位生產力工具，就如同想要在煤礦中游泳。直到二〇一三年，我偶然發現了子彈筆記。這套系統強調利用快速記錄法完成以及記錄任務和專案，而且只需要一本筆記本和一支筆。我開始運用子彈筆記記錄所有重要的事情……還有什麼比隨身攜帶一本筆記本更酷的事？

　　經過數個月成功的嘗試之後，我發現我需要找到適合的方法，安排未來的事件。我嘗試尋找既有的方式或是「解方」，解決我的問題。但是找不到任何實用的方法，而且我注意到，不只我有這樣的感受。所以我決定設計自己的系統。「日曆索引」（Calendex）於焉誕生。這種混合日曆和

THE CALENDEX

Datum / Date:

	JAN	FEB	MAR	APR	MAY	JUN
1		3 84	↓	(101)	23 109	131
2			HOL	43 63	120 69	↓
3	HOL			43 43	↓	
4		17	↑	43 43		↓
5		12 (12)	29	43 43	(99)	↓
6	↑		56			HOL
7			13 27 5	16	117 6	
8	18	(22)	10 (10)	49	(12)	↓
9		50		8		
10	24 36	52	14 20	8	91	↓
11				(13)	(91)	
12	9	2	111 80	14	100	↓
13		12		30	88	
14	(24)	30 71	17 17	(52)	76 2	HOL
15		26			(2)	
16	27 (27)	(26)	(80)	120 56	113 (120)	↑
17	11				98 159	
18	41		66 66 3	19 87	120	(84)
19	32 (32)	↓	(1)			141 98 14
20			26			71
21		HOL		10	200	
22	1		19 16	32	↓	151
23	39			34		
24		↓		99		120
25	22 23		(19)	87 116		
26	35	HOL	87	99		132
27			12	130 82	82 84	
28			101 90	140	103	155
29	40 (40)	/////	26	85 (103)		
30		/////	31	98 98 78	115 125	
31	(41)	/////		/////	(118)	/////

索引的方法結合了日曆的視覺呈現方式以及索引的功能。
整齊的表格版面可以讓你一目了然地看到未來的所有事
件、會議、最後期限等等，這樣就能立即知道自己是否有
空檔或是忙著其他事情。

　　現在我可以驕傲地說，日曆索引（thecalendex.com）是
非常受歡迎、發展成熟、而且可獨立運作的類比方法，可
用來規劃獲安排未來事件，而且來自全球各地的熱情粉絲
正持續增加中。

V

尾　聲

THE END

● ● ●

正確的
子彈筆記法

THE CORRECT WAY TO
BULLET JOURNAL

看著子彈筆記法在全球各地演進，其中最讓我快樂的一件事，就是這些應用如此多元、富有創意。我自己的子彈筆記是極簡風格。有些人的子彈筆記看起來有更多有趣的變化。沒有兩本子彈筆記是一模一樣的。我想也許這就是為什麼我常被問，有所謂的正確使用子彈筆記的方法嗎。這就衍生出另一個更為根本的問題：有錯誤使用子彈筆記的方法嗎？我可以很快回答：有的。

我認為子彈筆記法成功的部分原因在於，它可以針對不同人的需求轉變成不同形式的工具。雖然我強烈建議一開始要保持簡單，但是如果花時間美化你的子彈筆記可以

讓你更有動力、更有生產力、帶給你快樂，那麼就表示你做對了。如果你期待未來會再回頭翻閱自己的筆記本，並感覺到它依舊是你的盟友，同樣代表你做對了。

> 重要的不是筆記的外觀，
> 而是它帶給你的感受以及效用。

不要被外面的各種分享給嚇到。最終，你需要努力遵循的只有你自己的標準。這是屬於你個人的旅程。這不是隨便亂說。子彈筆記是自我探索的工具，幫助你發現真正在意的事情以及想要的生活。你應該專注於調整你的子彈筆記，讓它符合你的需求。當你使用得愈久，它就愈實用。如果情況並非如此，就該好好問自己為什麼。是因為花太多時間？是否為了讓其他人印象深刻而忽略了自己的需求？是否沒有進步？釐清問題點，然後問自己：要怎麼做，才能讓子彈筆記本對我更有幫助？

如果你不知道該怎麼做，你擁有這世界上給予最有力支持、最有創意的社群，他們是你的強力後盾。或許有子彈筆記使用者曾面臨過類似的難題，而且他們會很高興分享自己的洞見。不論你現在面臨什麼樣的難題，你並非孤單一個人。

離別贈言

PARTING WORDS

　　我最喜歡《綠野仙蹤》其中一幕，幾位主角發現神奇的巫師不過是一位躲在布幕後操控槓桿的老人。當他現身時，桃樂絲大叫說：「噢，你這個可惡的人。」巫師回答說：「噢，不，親愛的，我⋯⋯我是個好人——我只是一個糟糕的巫師。」

　　主角們向巫師索求他們以為自己沒有的東西：勇氣、心和大腦。他們認為只有偉大的巫師能施展魔法，給予他們這些東西，否則不可能得到。雖然他是一位「非常糟糕的巫師」，根本沒有任何超能力，但是奧茲確實擁有一項能力。對於那些有需求的人，他能像鏡子一般反映出不會因懷疑

和痛苦而被遮掩的影像。奧茲透過簡單的觀察，幫助這些主角明白，他們所渴望的一切都存在於他們內心。

巫師象徵了長久以來的誤解，我們以為能夠消除煩惱的「解方」，存在於外部世界。我們生活在商品化的文化中，我們以為所有答案都必須由外取得；某件事或某個人最終會讓我們變得完整。我們不斷向外尋求，卻離自我愈來愈遙遠。雖然我們可以因為心智開放而受益良多，但終究每個人都必須對自己負責。

奧茲可以看穿事物的表象，並透過仔細的觀察、內省以及豐富的同理心，將所有片段串接起來。這正是子彈筆記的功能所在，它幫助我們向內探索。它沒有任何的魔法，卻可以作為一面力量強大的鏡子，讓我們每天更加看清楚自己。它可以提供我們洞見，讓我們知道自己本身就具備了多強大的力量。

子彈筆記法激勵你在自我發現的旅程中持續前進，讓你明白你能掌握生命的主導權。一切取決於你是否願意跳脫極限，見證自己的潛能發揮。拿出你的勇氣，為自己的人生體驗負起責任。你會從滿天星斗中找到最閃亮的星光。當你穿越明日的未知持續向前時，成敗都沒關係，因為你勇敢地靠自己的力量去嘗試了。

常見問答

FREQUENTLY ASKED
QUESTIONS

問：我不是藝術家，還是可以使用子彈筆記嗎？

答：是的，子彈筆記真正重要的是內容，而非呈現方式。

問：我應該從什麼時候開始？

答：最好的開始時機就是現在。不過，真正理想的開始時
　　間是當你設定好月誌（第 115 頁）的當月第一天。

問：我應該試用多久時間？

答：如果你是子彈筆記新手，第一次進行每月轉移（第 136
　　頁）時會是你真正有所體悟的時候。你會開始深刻了
　　解一切的用意。因此我極度建議，對新手來說，試用

時間最好能持續兩到三個月。

問：我應該用哪種筆記本？

答：簡單的回答是用你最愛的筆記本。至於詳細的回答，
建議你選擇可以長時間使用、品質較好的筆記本。要
記住兩點：尺寸和品質。如果尺寸太大，就很難隨身
攜帶。太小就不實用。確定筆記本夠堅固耐用，可以
一直隨身攜帶，而且能夠接受長時間考驗。你也可以
購買我在子彈筆記網站上設計的客製化子彈筆記本。
上面印有頁碼、有索引、關鍵符號、書籤等等。

問：用簽字筆還是鉛筆？

答：只要你的字跡可以被清楚看見、不會褪色就好。子彈
筆記最大的好處之一是，逐年累月的累積下，你會有
愈來愈多筆記本。多年之後，便可以重新翻閱這些寶
貴的筆記本。

問：如果遺失了筆記本怎麼辦？

答：雖然大部分的子彈筆記都是極度私密的，但我還是強
烈建議在筆記本的前面加上明顯可見的註記，遺失筆
記本時可方便其他人聯絡你。只要留下姓和電話號碼
就可以。現金獎賞是很好的誘因，還有一些個人化的
訊息。有一次我在尖峰時間搭火車去紐約時，筆記本
從背包裡掉出來，後來又順利回到我身邊。

問：我要如何處理重複發生的任務？

答：你可以創造標記符號（第 103 頁），然後將任務加到月誌的日曆頁（第 118 頁）。這樣就可以快速瀏覽當月行程，知道這項任務或事件固定在一星期的哪一天發生。

問：如果我忘記記錄子彈筆記怎麼辦？

答：我們特地為這項需求開發了一款應用程式，名為「子彈筆記夥伴」（The Bullet Campanion）。這不是子彈筆記應用程式，而是為了你的筆記本所開發的輔助應用程式。當你的筆記本不在身邊時，可以把你的想法儲存在應用程式裡、設定提醒通知、為頁面拍照等等。目前有 iOS 和 Android 兩種版本。

問：有應用程式可以解決上述問題嗎？

答：請看上一題的回答。

問：日誌應該佔用多少頁面？

答：依據你的需求而定。人生不可預測，子彈筆記的設計是為了能自由變化。從你之前記錄完剩下的空白頁開始，不需要預先保留空白頁面。

問：我要如何轉移筆記本？

答：檢視真正有助於你進步的事項。只需要將那些能為生活創造價值的項目轉移到新的筆記本。如果你不想要重寫，也可以用串連的方法（第 132 頁）。

問：排定的任務和轉移的任務有何差異？

答：排定的任務指的是發生在未來、而非當月的任務，這
　　些任務會被列入未來誌內。轉移的任務指的是已經被
　　轉移至月誌（第115頁）或是客製化群組（第287頁）、
　　且當月會發生的任務。

問：什麼時候應該將任務從未來誌中移出？

答：當你設定新的月誌時（第115頁）。

問：一年應該用幾本筆記本？

答：依據你的需求而定。我一年會用三到四本。

問：我要如何結合數位日曆與子彈筆記本？

答：你可以使用數位日曆取代未來誌。在一天當中，你可
　　以將任何想法寫在日誌中，當你有空時，例如反思時
　　間，再將他們加到日曆中。

問：反思時間應該要多久？

答：依據你的需求而定。訣竅在於保持一致性。如果你發
　　現自己做不到，就減少反思花費的時間。

問：你如何計畫和管理多個專案？

答：如果同時有多個專案，我會分別建立個別的群組，然
　　後運用索引頁快速找到群組的位置。你也可以為每個
　　專案建立「專有索引」；如果專案規模龐大、複雜，這

個做法會非常有用。例如，如果你是學生，可以為每堂課建立專有索引（第 129 頁）。

問：如果某項任務必須在特定的日期完成，但期限還未到，我該怎麼辦？

答：如果期限是在當月，每日反思時間會幫助你留意這項任務。如果不是在當月，你可以寫在未來誌裡（第 121 頁）。

問：如何在月誌中保持一天只有一項任務？是刻意的嗎？

答：當我在製作子彈筆記教學手冊時，每一天只顯示一個項目，讀者比較容易看得清楚。至於我個人的子彈筆記，我每天會快速記錄兩到三個項目。對我而言，月誌讓我可以一目了然地看到自己完成了哪些事，所以我通常會等到事情結束後再記錄。這麼做非常有用，因為一個月結束之後，我就可以根據已完成的事項製作索引，當我想要記錄新習慣養成的進度時，便可快速找到它。

問：月誌裡的任務頁和日誌有何不同？

答：日誌（第 111 頁）的目的是要解除你的心理負擔——當你把想法寫下來，就不會再花太多心思去想。你只是要把想法寫下來而已。月誌的任務頁則是記錄你已經花時間考慮過的事項：你知道他們是重要的，而且必須優先處理。

問：我要如何讓子彈筆記裡的內容彼此相互參照？

答：你可以建立索引（第125頁），然後運用串連（第132頁）
　　的技巧進行配對。

**問：我要如何將之前的筆記本與子彈筆記本或其他筆記本
　　的內容進行相互參照？**

答：你可以使用筆記本串連（第132頁）的方法或是運用
　　子彈筆記夥伴應用程式。它的目的是用來擴充筆記本
　　的功能。你可以運用「圖書館」功能，將上一本筆記
　　本的內容儲存到應用程式中，做法是拍下索引頁面，
　　然後將照片上傳，並標記之前的筆記本。

致 謝

I WOULD LIKE TO THANK:

謝謝史特林羅德文學版權代理公司（Sterling Lord Literistic）的約翰・麥斯（John Mass）以及塞萊斯特・芬恩（Celeste Fine）擔任我的經紀人，給予我堅定的指引與支持。

謝謝我的編輯莉亞・楚伯斯特（Leah Trouwborst）與東妮・西亞拉・波恩特（Toni Sciarra Pointer），付出極大的努力，發揮無比的智慧與能力，協助我完成這本書。

謝謝企鵝藍燈書屋 Portfolio 出版公司的團隊相信這個出版專案並全力促成，謝謝海倫・海蕾（Helen Healey）

致謝 | I WOULD LIKE TO THANK:

幫忙擺設聖誕燈飾。

謝謝我的讀者們：凱斯・古德（Keith Gould）、琳達・赫克爾（Linda Hoecker）、金・艾爾瓦瑞茲（Kim Alvarez）、尼可拉斯・班恩（Niclas Bahn）、利瑟・古魯萊斯曼（Lisse Grullesman）、瑞秋・拜德（Rachel Beider）、莉・歐爾曼（Leigh Ollman）以及其他提供我寶貴建議、幫助我見樹又見林的朋友們。

謝謝所有在本書中提供技巧、故事和想法的子彈筆記達人們：迪・馬汀涅茲（Dee Martinez）、艾迪・霍普（Eddie Hope）、金・艾爾瓦瑞茲、卡拉・班馳（Kara Benz）、西瑟・卡利瑞（Heather Caliri）、艾美海・因斯（Amy Haines）、安東尼・哥洛提（Anthony Gorrity）、瑞秋（Rachael M.）、提摩西・克林森（Timmothy Collison）、雪瑞兒・布莉吉絲（Cheryl Bridges）、休伯特・韋博（Hubert Webb）、布莉姬・布拉德利（Bridget Bradley）、歐洛夫・衛馬克（Olov Wimark）、珊德拉-奧莉維亞・曼德爾（Sandra-Olivia Mendel）、凱瑞・巴奈特（Carey Barnett），還有麥可（Michael S.）。

謝謝全球各地協助推廣子彈筆記法的子彈筆記社群。沒有你們，就不會有我。

註 釋

NOTES

1   Neil Irwin, "Why Is Productivity So Weak? Three Theories," New York Times, April 28, 2016, https://www.nytimes.com/2016/04/29/upshot/why-is-productivity-so-weak-three-theories.html.

2   Bureau of Labor Statistics, https://www.bls.gov/opub/btn/volume-6/below-trend-the-us-productivity-slowdown-since-the-great-recession.htm.

3   Daniel J. Levitin, "Why the Modern World Is Bad for Your Brain," The Guardian, January 15, 2018, https://www.theguardian.com/science/2015/jan/18/modern-world-bad-for-brain-daniel-j-levitin-organized-mind-information-overload.

4   Maria Konnikova, "What's Lost as Handwriting Fades," New York Times, June 2, 2014, https://www.nytimes.com/2014/06/03/science/whats-lost-as-handwriting-fades.html.

5   Joan Didion, "On Keeping a Notebook," in Slouching Towards Bethlehem (New York: Farrar, Straus and Giroux, 1968), 139–40.

6   Susie Steiner, "Top Five Regrets of the Dying," The Guardian, February 1, 2012, https://www.theguardian.com/lifeandstyle/2012/feb/01/top-five-regrets-of-the-dying.

7   David Bentley Hart, The Experience of God: Being, Consciousness, Bliss (New Haven, CT: Yale University Press, 2013), 191–92.

8   Cyndi Dale, Energetic Boundaries: How to Stay Protected and Connected in Work, Love, and Life (Boulder, CO: Sounds True, Inc., 2011).

9   Jory MacKay, "This Brilliant Strategy Used by Warren Buffett Will Help You Prioritize Your Time," Inc., November 15, 2017, https://www.inc.com/jory-mackay/warren-buffetts-personal-pilot-reveals-billionaires-

brilliant-method-for-prioritizing.html.

10 Michael Lewis, "Obama's Way," Vanity Fair, October 2012, https://www.vanityfair.com/news/2012/10/michael-lewis-profile-barack-obama.

11 Roy F. Baumeister and John Tierney, Willpower: Rediscovering the Greatest Human Strength (New York: Penguin, 2011).

12 "Americans check their phones 80 times a day: study," New York Post, November 8, 2017, https://nypost.com/2017/11/08/americans-check-their-phones-80-times-a-day-study.

13 Thuy Ong, "UK Government Will Use Church Spires to Improve Internet Connectivity in Rural Areas," The Verge, February 19, 2018, https://www.theverge.com/2018/2/19/17027446/uk-government-churches-wifi-internet-connectivity-rural.

14 Adrian F. Ward, Kristen Duke, Ayelet Gneezy, and Maarten W. Bos, "Brain Drain: The Mere Presence of One's Own Smartphone Reduces Available Cognitive Capacity," Journal of the Association for Consumer Research 2, no. 2 (April 2017): 140–54, http://www.journals.uchicago.edu/doi/abs/10.1086/691462.

15 "The Total Audience Report: Q1 2016," Nielsen, June 27, 2016, http://www.nielsen.com/us/en/insights/reports/2016/the-total-audience-report-q1-2016.html.

16 Olga Khazan, "How Smartphones Hurt Sleep," The Atlantic, February 24, 2015, https://www.theatlantic.com/health/archive/2015/02/how-smartphones-are-ruining-our-sleep/385792.

17 Perri Klass, "Why Handwriting Is Still Essential in the Keyboard Age," June 20, 2016, New York Times, https://well.blogs.nytimes.com/2016/06/20/why-handwriting-is-still-essential-in-the-keyboard-age.

18 Pam A. Mueller and Daniel M. Oppenheimer, "The Pen Is Mightier Than the Keyboard," Psychological Science 25, no. 6 (April 2014): 1159–68, http://journals.sagepub.com/doi/abs/10.1177/0956797614524581.

19 Robinson Meyer, "To Remember a Lecture Better, Take Notes by Hand," The Atlantic, May 1, 2014, https://www.theatlantic.com/technology/archive/2014/05/to-remember-a-lecture-better-take-notes-by-hand/361478.

20 Daniel Gilbert, Stumbling on Happiness (New York: Vintage, 2007).

21 Robert Bresson, Notes on the Cinematographer, translated by Jonathan Griffin (København: Green Integer Books, 1997).

22　David Foster Wallace, This Is Water: Some Thoughts, Delivered on a Significant Occasion, About Living a Compassionate Life (New York: Little, Brown, and Company, 2009).

23　Ibid.

24　Leo Babauta, "How I'm Overcoming My Obsession with Constant Self-Improvement," Fast Company, March 19, 2015, https://www.fastcompany.com/3043543/how-im-overcoming-my-obsession-with-constant-self-improvement.

25　Caroline Beaton, "Never Good Enough: Why Millennials Are Obsessed with Self-Improvement," Forbes, February 25, 2016, https://www.forbes.com/sites/carolinebeaton/2016/02/25/never-good-enough-why-millennials-are-obsessed-with-self-improvement/#cf00d917efa9.

26　Theresa Nguyen et al., "The State of Mental Health in America 2018," Mental Health America, 2017, http://www.mentalhealthamerica.net/issues/state-mental-health-america.

27　"Facts & Statistics," Anxiety and Depression Association of America, 2016, https://adaa.org/about-adaa/press-room/facts-statistics#.

28　"Impact bias," Wikipedia, May 2016, https://en.wikipedia.org/wiki/Impact_bias.

29　Tim Minchin, "Occasional Address," commencement address at University of Western Australia, TimMinchin.com, September 25, 2013, http://www.timminchin.com/2013/09/25/occasional-address.

30　Olivia Solon, "Ex-Facebook President Sean Parker: Site Made to Exploit Human 'Vulnerability,'" The Guardian, November 9, 2017, https://www.theguardian.com/technology/2017/nov/09/facebook-sean-parker-vulnerability-brain-psychology.

31　"Eudaimonism," Philosophy Basics, accessed April 6, 2018, https://www.philosophybasics.com/branch_eudaimonism.html.

32　"Okinawa's Centenarians," Okinawa Centenarian Study, accessed April 6, 2018, http://okicent.org/cent.html.

33　Héctor García and Francesc Miralles, Ikigai: The Japanese Secret to a Long and Happy Life (New York: Penguin, 2017).

34　Viktor E. Frankl, Man's Search for Meaning: An Introduction to Logotherapy (New York: Simon & Schuster, 1984).

35　Jordan B. Peterson, "2017 Personality 12: Phenomenology: Heidegger, Binswanger, Boss," February 20, 2017, video, 46:32, https://www.youtube.

com/watch?v=11oBFCNeTAs.

36　Angela Lee Duckworth, "Grit: The Power of Passion and Perseverance," TED Talks Education, April 2013, https://www.ted.com/talks/angela_lee_duckworth_grit_the_power_of_passion_and_perseverance#t-184861.

37　Maria Konnikova, "Multitask Masters," New Yorker, May 7, 2014, https://www.newyorker.com/science/maria-konnikova/multitask-masters.

38　Tanya Basu, "Something Called 'Attention Residue' Is Ruining Your Concentration," The Cut, January 21, 2016, https://www.thecut.com/2016/01/attention-residue-is-ruining-your-concentration.html.

39　Kent Beck et al., "Manifesto for Agile Software Development," Agile Alliance, http://agilemanifesto.org, accessed July 2, 2018.

40　Carl Sagan, The Demon-Haunted World: Science as a Candle in the Dark (New York: Ballantine Books, 1996).

41　Madison Malone-Kircher, "James Dyson on 5,126 Vacuums That Didn't Work—and the One That Finally Did," New York, November 22, 2016, http:///nymag.com/vindicated/2016/11/james-dyson-on-5-126-vacuums-that-didnt-work-and-1-that-did.html.

42　W. Edwards Deming, The New Economics for Industry, Government, and Education (Boston, MA: MIT Press, 1993).

43　"Albert Einstein," Wikiquote, accessed April 6, 2018, https://en.wikiquote.org/wiki/Albert_Einstein#Disputed.

44　Mihaly Csikszentmihalyi, "Flow, the Secret to Happiness," TED, February 2004, https://www.ted.com/talks/mihaly_csikszentmihalyi_on_flow.

45　Marcus Aurelius, Meditations, trans. Martin Hammond (New York: Penguin, 2006).

46　Jack Zenger and Joseph Folkman, "The Ideal Praise-to-Criticism Ratio," Harvard Business Review, March 15, 2013, https://hbr.org/2013/03/the-ideal-praise-to-criticism.

47　Amy Morin, "7 Scientifically Proven Benefits of Gratitude That Will Motivate You to Give Thanks Year-Round," Forbes, November 23, 2014, https://www.forbes.com/sites/amymorin/2014/11/23/7-scientifically-proven-benefits-of-gratitude-that-will-motivate-you-to-give-thanks-year-round/#1367405183c0.

48　David Steindl-Rast, "Want To Be Happy? Be Grateful," TED, June 2013, https://www.ted.com/talks/david_steindl_rast_want_to_be_happy_be_

grateful.

49   Commonly attributed to Mark Twain.

50   Heinrich Harrer, Seven Years in Tibet (New York: TarcherPerigee, 2009).

51   Winnie Yu, "Workplace Rudeness Has a Ripple Effect," Scientific American, January 1, 2012, https://www.scientificamerican.com/article/ripples-of-rudeness.

52   Seth Godin, "The First Law of Organizational Thermodynamics," Seth's Blog, February 12, 2018, http://sethgodin.typepad.com/seths_blog/2018/02/the-first-law-of-organization-thermodynamics.html.

53   Joshua Fields Millburn, "Goodbye Fake Friends," The Minimalists, https://www.theminimalists.com/fake.

54   Sam Cawthorn (@samcawthorn), "The happiest people dont necessarily have the best of everything but they make the most of everything!!!" June 24, 2011, 4:39 PM, tweet.

55   Drake Baer, "Malcolm Gladwell Explains What Everyone Gets Wrong About His Famous '10,000 Hour Rule'," Business Insider, June 2, 2014, http://www.businessinsider.com/malcolm-gladwell-explains-the-10000-hour-rule-2014-6.

56   "14 Ways to Be a Happier Person," Time, September 18, 2014, http://time.com/collection/guide-to-happiness/4856925/be-happy-more-joy.

57   Jonathan G. Koomey, Turning Numbers into Knowledge: Mastering the Art of Problem Solving (Oakland, CA: Analytics Press, 2008).

國家圖書館出版品預行編目 (CIP) 資料

子彈思考整理術／瑞德・卡洛 (Ryder Carroll)；
吳凱琳譯 . -- 第一版 . -- 臺北市：天下雜誌，
2018.11

面；　公分 . -- (新視野 ; 30)

譯自：The bullet journal method : track the past,
order the present, design the future

ISBN 978-986-398-376-7(平裝)

1. 時間管理　2. 筆記法

494.01　　　　　　　　　　　　　107016118

新視野 051

子彈思考整理術
釐清超載思緒，化想法為行動
專注最重要的事，設計你想要的人生
THE BULLET JOURNAL METHOD:
Track the Past, Order the Present, Design the Future

作　者／瑞德‧卡洛（Ryder Carroll）
譯　者／吳凱琳
封面完稿／FE 設計
內文排版／喬拉拉‧多福羅賓
責任編輯／許　湘

天下雜誌群創辦人／殷允芃
天下雜誌董事長／吳迎春
出版部總編輯／吳韻儀
出 版 者／天下雜誌股份有限公司
地　　址／台北市 104 南京東路二段 139 號 11 樓
讀者服務／（02）2662-0332　傳真／（02）2662-6048
天下雜誌 GROUP 網址／ http://www.cw.com.tw
劃撥帳號／ 01895001 天下雜誌股份有限公司
法律顧問／台英國際商務法律事務所‧羅明通律師
製版印刷／中原造像股份有限公司
總 經 銷／大和圖書有限公司　電話／（02）8990-2588
出版日期／ 2018 年 11 月 5 日第一版第一次印行
　　　　　 2024 年 1 月 9 日第一版第二十三次印行
定　　價／ 480 元

THE BULLET JOURNAL METHOD: Track the Past, Order the Present,
Design the Future
By Ryder Carroll
Copyright © 2018 by Ryder Carroll
Published by arrangement with Sterling Lord Literistic, LLC.
through The Grayhawk Agency
Complex Chinese Translation copyright © 2018
by CommonWealth Magazine Co., Ltd.
ALL RIGHTS RESERVED

書　號：BCCS0051P
ISBN：978-986-398-376-7（平裝）
EAN：4717211032510
天下網路書店 http://shop.cwbook.com.tw
天下雜誌我讀網 http://books.cw.com.tw/
天下讀者俱樂部 Facebook http://www.facebook.com/cwbookclub

本書如有缺頁、破損、裝訂錯誤，請寄回本公司調換

天下 雜誌
觀 念 領 先